MAKE UP

LE MAQUILLAGE MIS À NU

Les Pérégrines : un nom en hommage au roman éponyme de Jeanne Bourin, grand-mère et figure d'inspiration d'Aude Chevrillon, la directrice de la maison.
Notre ambition : vous proposer un voyage intellectuel en publiant des textes toujours pertinents, souvent impertinents, qui, par des voix fortes et hardies, des plumes belles et singulières, observent le monde par différentes fenêtres, nous amènent à faire un pas de côté, nous poussent à mieux appréhender l'autre, l'étrangeté, la diversité, nous livrent des trajectoires inspirantes pour dessiner une société plus humaine.

GENRE!

Lorsqu'on dit à quelqu'un, en langage familier, qu'il ou elle fait « genre », on lui signifie que l'on a compris que l'apparence qu'il ou elle se donne, les pratiques qu'il ou elle revendique relèvent d'une construction plus ou moins consciente, qui s'inscrit dans un rapport de pouvoir. « ***GENRE!*** », c'est un cri de guerre, une démarche de défiance critique, un laboratoire d'idées et d'explorations inédites où se mêlent recherches et témoignages.

Conception graphique : Lia Pradal
Photographie de couverture : ©FPG/Getty

Éditions Les Pérégrines
21, rue Trousseau 75011 Paris
www·editionslesperegrines.fr

VALENTINE PÉTRY

MAKE UP

LE MAQUILLAGE MIS À NU

GENRE!

À mes filles, qui dealent la coupe d'ongles de pieds contre l'application de vernis à paillettes.

INTRODUCTION

Le maquillage, ça n'est pas important. C'est un truc de bonnes femmes, encore plus que la mode, puisque les hommes en sont exclus. De fait, ça ne mérite pas tellement qu'on en parle. Au mieux, c'est un ensemble de techniques. « Ah ? tu écris un livre sur le maquillage ? Mais tu veux dire des tutoriels ? » m'a-t-on souvent demandé[1].

Cette confusion, ou plutôt ce mépris autour des fards, est surprenante. Économiquement, leur poids est loin d'être anecdotique. La Fédération des entreprises de la beauté (FEBEA), le principal syndicat français du secteur des cosmétiques, soulignait dans un communiqué de presse de 2020 que l'industrie était la seconde exportatrice après l'aéronautique. Certes, l'année suivante, en temps de pandémie, les gens ont beaucoup bu : les vins et spiritueux sont passés devant les palettes de maquillage, faisant redescendre les cosmétiques sur la troisième marche du podium. Ce qui n'empêche pas Emmanuel Guichard, délégué général de la FEBEA, d'exulter lorsqu'il me raconte tout cela par téléphone : « En Chine, un rouge à lèvres vendu sur trois est français ! » Bref, l'industrie pèse lourd.

Peut-être est-ce pour cette raison que le secteur est considéré comme un ensemble de produits, pas un morceau

1 Je n'ai rien contre les tutoriels, j'adore ça, et je serais incapable d'en faire.

d'histoire. Au-delà même du musée Galliera, qui lui est consacré, la mode investit les grands musées, tandis que le secteur de la parfumerie célèbre largement sa propre histoire en France. Il n'y a pas d'équivalent pour le maquillage. New York devait accueillir le premier Makeup Museum en 2020, mais la pandémie n'a toujours pas permis son ouverture physique : il existe seulement sur Instagram – ce qui est une belle métaphore du maquillage actuel. Demandez à un·e boomer·euse de citer un grand couturier, il ou elle saura certainement vous répondre. Demandez-lui de citer une maquilleuse contemporaine, il ou elle n'en connaîtra aucune. C'est comme ça. La téléréalité s'est emparée de la mode et de la pâtisserie avec passion, mais les émissions autour du maquillage ont nettement moins de succès, hormis le concours de drag queens *RuPaul's Drag Race*, que je tiens pour le meilleur show de make-up contemporain. Toujours est-il que le maquillage seul n'est pas considéré comme un fait culturel. D'ailleurs, l'expression *make-up artist* n'a pas vraiment de traduction en français – on ne parle pas d'artiste du maquillage, mais de maquilleur·euse.

Dans les médias, la rubrique « beauté » a longtemps été considérée comme la vache à lait : du moment que les annonceurs étaient contents et achetaient des espaces de pub, tout roulait. Après tout, la beauté, ce sont des produits jetés sur une page blanche et la couleur de vernis du printemps, non ? Au contraire, la parfumerie a longtemps fonctionné sur le mode narratif, avec la figure du « parfumeur créateur » absolument révérée. La mode aussi se raconte autour de la création. La beauté n'est qu'un simple enjeu de consommation. La mode et la parfumerie sont des arts, le maquillage ne fait qu'embellir.

Pourtant, s'il est considéré comme un ensemble de techniques plutôt qu'un moyen de dire quelque chose sur l'humanité, on lui a attribué tout un tas de pouvoirs. Au fil des époques, il a été vendu aux femmes comme un indispensable censé leur permettre tour à tour :

- d'être une femme
- d'être une vraie femme
- d'être une femme sexy
- de devenir une femme
- de rester une femme
- d'être plus jeune/plus jolie/en meilleure santé/moins fatiguée
- de finir une tenue, donc d'être « présentable »
- de se rebeller contre les générations précédentes
- de se rebeller contre le gouvernement
- d'avoir confiance en soi
- de soutenir d'autres femmes
- de sauver la planète
- d'affirmer son identité.

À l'inverse, on lui reproche :

- de tuer la planète
- d'être un danger pour la santé
- d'étouffer la peau
- de cacher la beauté naturelle
- d'être mensonger
- d'être amoral
- de n'être qu'une couche superficielle et inutile.

Cette liste n'est pas exhaustive, bien sûr. Peut-on se

maquiller en dehors de ces questions ? Peut-on être neutre vis-à-vis du make-up ? Peut-on se maquiller sans culpabilité ? Je ne pense pas. Même si l'on n'en met pas, on prend parti. Le maquillage met en lumière nos obsessions, nos peurs, nos désirs, notre rapport à notre corps.

L'une des expressions les plus connues sur le sujet est la désuète « comme une voiture volée », que j'aime bien car elle dit beaucoup des enjeux qui traversent le maquillage : elle sous-entend qu'en se fardant, on ment et on dissimule sa véritable identité. Elle établit ce qui nous intéresse : le maquillage renvoie à une valeur morale, ou plutôt des valeurs morales, qui ne cessent de changer. Elle pue aussi le *male gaze* et la misogynie, car elle objectifie puissance mille celui ou celle qui se maquille, le ou la réduisant à un trophée de l'univers masculin. Et puis, elle évoque aussi l'excès : une voiture trop maquillée est repérée, elle a raté son coup. Cette expression impose une norme – trop maquillée, tu es vulgaire ; pas assez, tu n'es pas sortable ou pas féminine. Enfin, l'industrie automobile et le maquillage ne sont pas si éloignées. Quand j'ai commencé à écrire sur le vernis, on racontait que les laques avaient largement bénéficié des progrès de l'industrie automobile. Les pigments utilisés pour créer les couleurs nacrées, brillantes, mates ou irisées des carrosseries étaient les mêmes que ceux que l'on utilisait au bout de nos doigts. On ne le dit plus car les consommatrices seraient horrifiées, mais c'est vrai. La cosmétique, c'est avant tout des sous-produits d'autres industries bien moins ragoutantes, qui sentent très fort le plastique et l'exploitation des travailleurs.

Bref, le maquillage n'est pas juste un mélange de pigments ou d'huiles végétales, c'est aussi un signifiant de la domination, d'un état de santé, c'est une histoire d'exclusion, de danger, d'expression de soi et, souvent, de violence. Il est aussi repoussant que glamour.

Écrivant pour la presse féminine depuis quinze ans, je connais bien le milieu que je décris, les mécanismes que j'observe, les diktats contradictoires qui s'abattent sur toutes et tous. Mon revenu dépend de la bonne santé du secteur. On pourrait dire que je fais partie du problème. Je suis française, blanche, cis, hétéro et j'écris des articles pour un public français : la majorité des exemples présents dans ce livre sont tirés du monde occidental. La richesse des pratiques et des habitudes de beauté est immense et je n'en explore qu'une infime partie. Je ne prétends pas non plus faire un panorama historique du maquillage. Je parle des femmes car l'histoire du maquillage est quasi totalement centrée sur elles. L'industrie du maquillage est binaire, genrée, et le discours qu'elle tient s'adresse avant tout aux femmes cis, hétéros et blanches.

Ce n'est pas tant le maquillage qui m'intéresse que les valeurs qu'on lui attache. Ces dernières années, il a été l'objet autant de critiques que de revendications féministes. Il me semble que ce débat n'est plus complètement d'actualité et que l'enjeu, aujourd'hui, est davantage de permettre à chacun et chacune de se maquiller ou non, selon ses désirs, et sans jugement.

1. PEUT-ON ÉCHAPPER AU MAQUILLAGE ?

« Waouh, maman, tu es belle : tu ressembles à une princesse. »

100 % des enfants de quatre ans dont la mère a mis du rouge à lèvres.

Depuis que la génération qui a grandi avec les réseaux sociaux est devenue assez âgée pour se reproduire (j'en suis), vous trouvez des kits de maquillage pour bébé à gogo. Même Liewood, une marque de jouets aux tons rose poudré et jaune moutarde, des couleurs asseyant un certain statut social, propose une panoplie pour enfants en silicone avec flacons de vernis, rouges à lèvres, pinceaux et palettes de blush à motif félin. La ligne n'est pas si éloignée de la gamme ornée de petits chats Paul & Joe, destinée, elle, aux adultes. Liewood a un temps proposé des rasoirs inoffensifs pour jeunes enfants.

Ce sont de faux outils, comme la dînette ou les smartphones en bois. Si on est pleine de reconnaissance pour la vie, on peut se dire qu'ils ont été créés pour éviter que les petites filles piquent ceux de leur mère. Moi, j'imagine surtout que mettre le maximum d'objets consommables dans nos mains le plus rapidement possible est source de profits sans fin. Sur Amazon, tapez « pretend makeup pour toddlers » – les enfants en âge d'aller à la crèche –, vous obtenez 563 résultats. Le « toy makeup » donne 8 000 résultats. Beaucoup sont roses, ornés de licornes ou inspirés de *La Reine des neiges*. Dans 90 % des cas, tout cela se trouve dans un vanity que l'on transporte avec soi – le make-up semble être indispensable tout le temps. Il fait partie de la vie des petites filles avant même qu'elles ne sachent parler. Bien sûr, il s'agit seulement d'imiter le geste, puisque les jouets ne déposent rien sur la peau.

Plus tard, ces faux accessoires de maquillage se glissent partout : dans un kit de crayons de couleur de ma fille, la gomme est en forme de rouge à lèvres ; dans les magazines pour les 4-5 ans, le cadeau proposé est trois fois sur cinq un tube de rouge ou une palette en plastique. C'est une très bonne nouvelle pour l'industrie cosmétique : ces objets sont identifiés et font partie de l'apparat de la féminité dès la petite enfance. Ils sont assimilés au rôle de femme, au même titre que les faux aspirateurs.

Au fil des ans, les petites filles peuvent être autorisées à porter du vernis comme première expérience du « vrai » maquillage. C'est par lui que tout commence : on trouve facilement du vernis pour enfants *safe*, non toxique, formulé à l'eau, qui se retire quand on se lave les mains. Il est souvent disponible dans une panoplie de couleurs bien étudiée : l'incontournable rose, bien sûr, mais aussi le jaune canari ou le bleu ciel. Des couleurs de papier peint de chambre d'enfant. C'est parfaitement inoffensif, vous dit-on.

Si on leur offre un « KidiSecrets Selfie Music », une sorte de tablette numérique/console de jeu/journal intime destinée aux petites filles à partir de six ans, elles joueront à « Mon atelier maquillage » sur la machine. Elles pourront prendre un selfie, puis ajouter à la photo du blush, des faux cils, de l'ombre à paupières, du rouge et des taches de rousseur ou des grains de beauté. Même si personne autour d'elles ne se maquille, les petites filles sont cernées.

Le « faux » make-up continue de se glisser dans toutes les activités qui font la vie intime des femmes aujourd'hui : quel est le point commun entre un sextoy, un taser et une bombe lacrymo ? Vous pouvez en trouver en forme de rouge à lèvres. Comme si l'objet était tellement anodin, tellement inoffensif, tellement banal, tellement inhérent à la condition féminine, qu'il pouvait dissimuler d'autres choses, potentiellement dangereuses et que l'on juge nécessaire de cacher.

Plus tard, on commence à se maquiller pour de vrai. Ma première fois, c'était au collège, pour cacher des boutons. Un fond de teint, c'est sans doute le produit le plus casse-gueule à adopter : sans crème hydratante en dessous, ça n'accroche pas la peau, ça glisse peu, ça crée des paquets. La teinte orangée était terrible et l'on observait nettement des zones colorées et d'autres blanches. Mais un fond de teint, même mal appliqué, valait mieux qu'une peau acnéique, selon moi. Ensuite, il y a eu la période Brigitte Bardot (oui, j'ai honte). J'avais décidé que mes yeux étaient trop petits, et donc qu'il fallait les agrandir d'un trait d'eyeliner. Pendant dix ans, j'ai porté de l'eyeliner pour ouvrir mon regard. Dans les deux cas, ce n'était pas pour le fun, mais bien pour compenser quelque chose d'inadéquat avec ce que j'espérais de moi-même. Le maquillage a été un moyen de rectifier la nature, de m'arranger, de me conformer aux standards de beauté. « On a de la chance, me disait une amie quand on avait seize ans et qu'elle fréquentait un mécanicien, nous, contrairement aux hommes, on peut faire du tuning sur notre visage. » Son mec passait des heures à rabaisser le niveau de sa voiture et changer son volant, nous pouvions moduler la forme de notre regard ou le dessin de nos sourcils. Un privilège.

À l'âge adulte, il est désormais admis qu'on est maquillée partout et tout le temps : j'ai moi-même écrit des articles sur le make-up conçu pour le sport – une tendance vite disparue, quoi que les *gym lips*, un maquillage « simple » pour aller à la salle, aient le vent en poupe en ce moment.

Mon rapport très fonctionnel au maquillage est sans doute partagé par la plupart des femmes, si l'on considère les produits qu'elles consomment le plus : le mascara et le fond de teint.

Pourquoi tu te maquilles ? Pour qui tu te maquilles ? Ce sont les questions qui agitent les historien·nes qui se sont penché·es sur le sujet. On trouve des traces de maquillage dans toutes les civilisations : il fait partie de rituels conventionnels précis. On se maquille d'abord pour faire partie d'une communauté et, traditionnellement, pour ressembler aux autres.

Aujourd'hui, il y a une multitude de réponses : on se maquille pour avoir de meilleures chances d'obtenir un job, pour gagner plus, pour ressembler à tout le monde ou pour se distinguer, pour se conformer au rite social, parce que tout le monde le fait, pour ne pas éveiller les soupçons, parce qu'on ne se supporte pas sans, pour exprimer son genre, pour masquer la maladie, pour fuir la mort. Dans certains cas, pour regagner de la dignité. Parce que nous sommes humain·es, en somme. Si l'on naît avec un faux tube de rouge dans les mains, on a des chances de finir, à condition de choisir l'option du cercueil ouvert, plus fardée qu'une voiture volée. Le maquillage est inévitable, qu'on le veuille ou non.

Je dis « on », mais je désigne, en fait, une minorité de personnes, puisqu'ici je parle bien sûr d'une vie dans laquelle porter du maquillage est possible. Plus de 260 millions de personnes vivent en dessous du seuil de pauvreté dans le monde, selon l'Oxfam. Se maquiller n'est pas gratuit, donc tout le monde ne peut pas le faire. On peut néanmoins se farder sans produits, en détournant d'autres choses, preuve que le maquillage est parfois indispensable.

Je parle également d'une vie dans laquelle porter du maquillage est permis. Lorsqu'on empêche les gens de se maquiller, il ne s'agit pas d'un parti pris esthétique, mais d'une privation de droits. Lorsque quelqu'un vous interdit de vous maquiller – que ce soit un membre de votre famille, un compagnon, une autorité, ou l'État –, ce contrôle d'autrui sur votre propre corps s'accompagne en général de la privation d'autres libertés fondamentales. Le maquillage n'est que la partie émergée de l'iceberg.

Le maquillage est une arme, mais au service de qui ?

Le maquillage féminin a un statut ambivalent, puisqu'il mêle deux visions. La première est l'idée selon laquelle les femmes se maquillent pour se plier à des conventions sociales créées par des sociétés patriarcales. Le maquillage serait ainsi une manière d'augmenter sa valeur (la beauté). Cette pratique n'a qu'un seul but : une recherche de séduction des hommes pour accéder à un statut privilégié dans la société. Dans cette optique, modifier son apparence est donc un travail imposé et inévitable. De fait, cela prend toujours du temps : en 2014, les sites internet Today et Aol ont réalisé une étude révélant que les femmes passent en moyenne 55 minutes par jour devant leur miroir, soit 335 heures par an, soit quasiment deux semaines à se regarder. Chez les adolescentes, le chiffre était encore plus élevé : 7,7 heures par semaine devant le miroir, contre 4 heures chez les adolescents masculins.

L'autre temps et grand concept de l'histoire du maquillage, notamment porté par les féministes de la deuxième vague, est celui qui postule que l'on se maquille pour créer une identité. On peut situer le point de fracture lors des années soixante et de la révolution culturelle, pendant laquelle les rapports de séduction ont été repensés. La contrainte qu'était le maquillage s'est transformée en un moyen d'expression. Cette prise en main de son apparence, donc de son destin, est une prise de pouvoir sur soi-même.

Évidemment, ces deux visions coexistent, elles ne sont pas identiques partout car chaque femme qui se maquille détermine son rapport intime à l'acte. Aujourd'hui, les chercheur·euses s'accordent à dire qu'en Occident on est à mi-chemin : certes, les femmes utilisent des instruments fabriqués dans un système patriarcal, mais elles en sont souvent conscientes. Le maquillage est un outil de détermination, un moyen de « négociation » pour tirer profit du système[1].

Ce qui n'a pas changé depuis tout ce temps, c'est la nécessité pour les femmes de se maquiller. C'est le sésame ultime pour obtenir ce à quoi elles aspirent. J'utilise le terme « sésame », car il confère un pouvoir magique à l'objet. Je savais bien que ce trait de khôl noir ne me transformerait pas en sosie de Brigitte Bardot. Mais il m'apportait quelque chose d'indispensable, au point que pendant des années je ne pouvais pas sortir sans le tracer sur mes paupières.

Autrefois arme de séduction dont les hommes devaient se méfier, le maquillage est désormais présenté comme une arme d'empouvoirement. La publicité ne dit plus « maquille-toi pour séduire quelqu'un », ni même « maquille-toi pour assurer en réunion », mais plutôt « maquillez-vous pour avoir confiance en vous ». « Maquillez-vous pour vous aimer. » Tout a changé, mais rien n'a changé : « Maquillez-vous pour réussir votre vie. »

Une beauté immorale

Au fil des siècles, dans de nombreux textes classiques qui s'intéressent au maquillage[2] – tous écrits par des hommes –, celui-ci est présenté comme un moyen de faire prendre de la valeur aux femmes. Il est une supercherie qui trahit les sens. Il faut s'en méfier. Il est régulièrement associé au diable dans la religion chrétienne pour cette raison. On

---

1 Lauren Gurrieri et Jenna M. Drenten, « The feminist politics of choice: Lipstick as a marketplace icon », *Consumption Markets & Culture*, 2021.

2 C'est une idée qui revient à la fois dans les textes antiques, mais aussi chez certains théologiens médiévaux, par exemple.

évolue ici dans un système unique : celui du couple cis et hétérosexuel. C'est aussi ce système de pensée qui réserve le maquillage aux prostituées, puis aux actrices, et qui en fait un outil pour connaître le statut marital d'une femme. Aux XVIIe et XVIIIe siècles, certaines utilisaient les mouches pour signifier un indice sur leur caractère, voire leur « disponibilité » : ces petits ronds de taffetas noir sont appelés par exemple « baiseuse », « friponne » ou « coquette » lorsqu'ils sont placés près de la bouche, « discrète » sur le menton, « majestueuse » sur le front.

L'idée que se maquiller c'est se cacher ou mentir, qu'il s'agit d'une faute morale, est très ancienne dans la culture occidentale. Maquillage, séduction et tromperie sont intimement liés. La figure de la femme laide sans maquillage qui devient belle une fois fardée est un archétype qui perdure. Le plus obsédé par cette différence entre le visage nu et sa version pimpée, c'est Ovide. Dans *De la manière de soigner le visage féminin*, texte de poésie didactique écrit autour de l'an 0, il prodigue des recettes de fond de teint. Dans *L'Art d'aimer* (I av. J.-C.), il va plus loin :

> Mais que votre amant ne vous surprenne pas avec vos boîtes étalées sur la table. L'art n'embellit la figure que s'il ne se montre pas. Qui pourrait, sans dégoût, voir la lie de vin qui enduit tout votre visage, couler, entraînée par son poids, sur votre sein tiède ? Ainsi, laissez-nous croire que vous dormez encore lorsque vous travaillez à votre toilette. [...] Il est une foule de choses que les hommes doivent ignorer : la plupart de ces apprêts nous choqueront, si vous ne les dérobez à nos yeux. [...] Le meilleur maquillage est secret.

Ce n'est pas le fait qu'une femme modifie son apparence, mais l'acte de transformation lui-même qu'il trouve difficile à supporter. Dans *Les Remèdes à l'amour* (2 apr. J.-C.), il s'adresse cette fois-ci à un amant qui souhaite ne plus être amoureux :

> Il est bon aussi de venir chez elle le matin, à l'improviste, et de la surprendre avant qu'elle n'ait eu le temps de préparer sa toilette. [...] La toilette est comme une égide que l'Amour jette devant nos yeux pour les éblouir. Paraissez tout à coup : elle n'est pas encore sous les armes ; et l'infortunée, surprise, sera trahie par ses défauts. [...] Vous pouvez aussi, la décence le permet, visiter votre maîtresse lorsqu'elle prépare ses cosmétiques, et qu'elle se farde le visage. Vous verrez alors ses boîtes de pommade aux mille couleurs. [...] Aussi, que de fois elles m'ont soulevé le cœur.

L'idée que le maquillage est un mensonge pour cacher la laideur n'est pas propre à Ovide. Socrate parle d'« une guenon tout enduite de céruse », pour désigner une femme maquillée. Le maquillage est « une misérable duperie » sous sa plume. Les poètes Martial et Juvénal se moquent des femmes « dont les maris ne connaissent pas le visage », ou dont la sueur faisait couleur le maquillage « au point qu'on eût cru de la pluie sur de vieux murs décrépis »[3]. On reproche déjà aux femmes de porter trop de maquillage, ou de ne pas en maîtriser la technique.

Chez Tertullien (150-220 apr. J.-C.), se pimper est un péché puisqu'en se maquillant on espère améliorer le visage que Dieu nous a donné[4]. Dans *La Toilette des*

3 Annie Dubourdieu, « Peinture sur soi », *in* Pascal Picq, Georges Vigarello, Marc Nouschi et Françoise Gaillard (dir.), *100 000 ans de beauté*, Gallimard, 2009.

4 Tertullien, *La Toilette des femmes*, édition et traduction de Marie Turcan, Sources chrétiennes, 1971.

femmes, texte écrit en 202, il s'emporte : « Il faut commencer par plaire au Seigneur. Ce qui L'offense grièvement, c'est l'extravagante attention qu'ont plusieurs femmes à user de cent sortes d'ingrédients pour rendre leur peau blanche et unie, pour farder leur visage, pour colorer leurs joues avec du vermillon, pour noircir leurs yeux avec de la suie. »

De fait, l'Église chrétienne fustige l'embellissement des femmes au sens large, à une exception près. Le maquillage est admis quand il favorise le mariage. Si le but est « honnête », on peut se maquiller, tout en gardant en tête qu'il s'agit de toute façon d'un geste vain. Un proverbe de la Renaissance dit d'ailleurs : « Ciel pommelé et femme fardée ne sont pas de longue durée[5]. » Tout comme les nuages annoncent qu'un orage se prépare, que le temps va changer, le maquillage anticipe le vieillissement. Une femme ne dévoile son vrai visage qu'une fois démaquillée.

Pour ces auteurs, les hommes sont donc victimes des femmes qui utilisent toutes les ruses possibles pour les attraper, ils seraient en quelque sorte les dindons de la farce. Cette idée extrêmement réductrice a-t-elle évolué ? Pas tant que ça. La dichotomie « visage nu repoussant » versus « visage fardé séduisant » perdure. On la retrouve notamment dans un mème sur les réseaux sociaux. Il s'agit de deux photos de la même femme, souvent une célébrité, accompagnées de la légende : « Si tu m'aimes comme ça, tu devrais m'aimer comme ça. » À gauche, la femme

5 Adrien de Montluc, *La Comédie de proverbes*, 1635.

maquillée et coiffée. À droite, la femme prise sur le vif, pas apprêtée. On n'est pas si loin d'Ovide. L'amour véritable est celui qui « supporte » de voir un visage nu, quand le capital beauté de la femme est au plus bas. La preuve d'amour de la part d'un homme est de continuer à aimer une femme, même une fois qu'il l'a vue au naturel. Bien sûr, les femmes se coltinent H24 des mecs sans fard, et je n'ai jamais vu de mème sur le sujet en version masculine. Les hommes ne sont certes pas exempts d'injonctions liées à leur physique, mais on n'exige d'eux aucun « travail » en matière de maquillage.

Ces auteurs expriment une angoisse aussi terrible que ridicule, ils donnent un pouvoir immense et fantasmé au maquillage. Scoop : même des siècles plus tard, la plupart des femmes ne possèdent pas la technique nécessaire – ni le temps, d'ailleurs – pour berner les pauvres hommes. Par leurs descriptions, bien sûr, ils mettent en mots un système de domination. L'idée qu'une femme serait laide sans maquillage est un moyen de lui assigner le devoir de se maquiller.

Ils font aussi germer les graines du *pretty privilege* ou du « marché de la bonne meuf », pour reprendre une expression de Virginie Despentes : dans une logique de beauté-capital, les gens beaux sont en haut de la pyramide sociale. Les femmes sont ainsi mises en compétition les unes contre les autres. C'est ce système qui justifie qu'une femme maquillée gagne plus d'argent que celle qui ne l'est pas (une étude menée par deux sociologues étasunien·nes en 2016 montre que les gens considérés comme beaux

– hommes et femmes – gagnent en moyenne 20 % de plus que le reste de la population[6]).

Se maquiller en dehors du male gaze, c'est possible ?

L'idée que l'on se maquille pour séduire les hommes reste bien ancrée dans notre société, en revanche, le processus de transformation, qui dégoûtait Ovide, est aujourd'hui l'objet d'une véritable fascination. Les vidéos avant/après ont fait la richesse de milliers d'influenceuses. Les réseaux sociaux et le maquillage vivent une grande histoire d'amour. Les coulisses sont désormais mises en scène, filmées, adorées : la transformation a quitté le domaine de l'intime. Le média privilégié reste YouTube, où les vidéos sont beaucoup plus longues et détaillées que sur TikTok ou Instagram. On peut utiliser le temps long pour expliquer, commenter et analyser chaque étape. Ce n'est plus un acte solitaire, c'est un spectacle, parfois devant des millions de personnes. C'est le lieu de l'expertise : on y apprend des techniques, on va y chercher des informations. Et surtout, il montre au monde ce qui se joue chaque jour devant le miroir : qui suis-je aujourd'hui ? Il met en scène l'invitation magique et vertigineuse à se réinventer chaque jour. Et bien sûr, c'est le lieu de l'autonomie, et de la jouissance. « La toilette féminine paraît obscène parce qu'elle met en évidence une recherche de plaisir mais aussi parce qu'elle traduit une situation où la femme est l'auteur de sa propre image », analyse Daphné B.[7]

---

6 Jaclin S. Wong et Andrew M. Penner, « Gender and the returns to attractiveness », *Research in Social Stratification and Mobility*, vol. 44, 2016.

7 Daphné B., *Maquillée*, Grasset, 2021.

Sur YouTube, on voit aussi le maquillage se détacher du male gaze, le « regard masculin », théorisé en 1975 par Laura Mulvey dans l'article « Au-delà du plaisir visuel ». Ce male gaze, c'est l'idée que le destinataire de l'image créée est un homme hétérosexuel. Il sexualise la femme, l'objectifie et donne le pouvoir à l'homme qui la regarde. C'est un terme utilisé pour analyser les films, mais il s'applique aussi à la publicité. Le regard féminin, lui, « filme les corps comme sujets de désir », résume Iris Brey dans *Le regard féminin* (2020).

Mais revenons à nos vieux auteurs. La vision négative du maquillage disparaît peu à peu. Dans son « Éloge du maquillage », Charles Baudelaire écrit :

> La femme est bien dans son droit, et même elle applique une sorte de devoir en s'efforçant d'apparaître magique et surnaturelle ; il faut qu'elle étonne, qu'elle charme ; idole, il faut qu'elle soit dorée pour être adorée. [...] Qui oserait assigner à l'art la fonction stérile d'imiter la nature ? Le maquillage n'a pas à se cacher, à éviter de se laisser deviner ; il peut, au contraire, s'étaler, sinon avec affectation, au moins avec une espèce de candeur[8].

L'idée de danger n'existe plus ici. Baudelaire fige pour les décennies suivantes notre vision du maquillage : un acte magique dont le but n'est pas d'imiter la nature, mais bien de la surpasser, de créer. Cette vision artistique et apparemment positive accompagne la diffusion du maquillage de masse dans toute la société.

8 Charles Baudelaire, « Éloge du maquillage », *Le Peintre de la vie moderne*, 1863.

Les rapports de domination entre les sexes n'ont pas changé pour autant. Dès les prémisses de l'industrialisation, la publicité s'adresse aux femmes avec l'idée qu'elles n'ont qu'un seul but : séduire. Les débuts du cinéma consacrent également les actrices comme objets de désir ultimes[9]. On ne met pas en avant leur individualité, les publicités présentent d'ailleurs des visages et des corps fragmentés. Les célèbres dessins de René Gruau en sont l'exemple parfait. En 1949, il réalise pour Rouge Baiser une série de publicités devenues emblématiques de la marque. Sur l'une d'elle, il trace d'une simple ligne noire le profil d'une femme dont les yeux sont cachés par un large béret. Aucune trace de couleur, si ce n'est la bouche, rouge bien sûr. Sur une autre publicité, un visage de face aux yeux bandés. À nouveau, seule la bouche est colorée, toujours rouge vif. Le regard est systématiquement effacé pour mettre l'accent sur les lèvres, processus que l'on retrouve régulièrement. En 1992, c'est la marque Rochas qui lance son Rouge Plaisir avec une photo d'un visage coupé en deux, juste au-dessus des narines. La bouche est expressive, elle se mord les lèvres, mais la femme n'a toujours pas de regard. La même année, Yves Saint Laurent met en scène un cliché d'une bouche embrassant un boîtier de rouge à lèvres. Sur les pubs de l'époque, les codes sont très uniformes : la peau est blanche, le fond est noir, les lèvres rouges et l'étui doré. Et quand son visage n'est pas coupé, la femme regarde le spectateur, mais sans contexte. C'est simplement un visage harmonieux, dont on ne sait rien. Elle est belle, et c'est bien assez.

---

9 Georges Vigarello, *Histoire de la beauté*, Seuil, 2004.

La publicité a peu à peu évolué : à la fin des années 1960, certaines suivent les changements d'époque. La marque L'Oréal Paris aime beaucoup faire le récit de son fameux « *because I'm worth it* » (« parce que je le vaux bien »). En 1971, L'Oréal lance la gamme de colorations la plus chère du marché, Préférence, et cherche à se démarquer de son principal concurrent, Clairol. En 1973, le fameux clip publicitaire de Préférence voit le jour. On y voit Joanne Dusseau, actrice en vogue et première égérie de la marque, marcher à travers une forêt, face caméra, et déclarer d'une voix douce mais déterminée à la télévision étasunienne : « Ce n'est pas que je me soucie de l'argent. Ce qui compte pour moi, c'est mes cheveux. Ce n'est pas qu'une couleur, c'est une belle couleur. En fait, ça ne me dérange pas de dépenser davantage pour L'Oréal. Parce que je le vaux bien. » Surprise : la femme parle ! Elle s'adresse aux consommatrices ! Elle ne parle pas des hommes ! Elle utilise le pronom « je ». Oui, c'est important. En comparaison, dans la publicité pour Clairol, on voit deux hommes tenter de deviner si une femme a les cheveux colorés ou non.

Le storytelling de la genèse du clip est parfait : c'est Ilon Specht, une assistante de publicité de vingt-trois ans, qui, lassée des spots de l'époque éclipsant systématiquement les femmes, trouve le slogan qui fera mouche. La marque a largement célébré ce message, « j'ai le droit de dépenser plus pour mes cheveux », qui a glissé vers un « j'ai le droit de dépenser plus pour moi ». Depuis, le message sur la valeur marchande des femmes est bien sûr complètement passé à la trappe. Au fur et à mesure de son histoire, ce slogan va être peu à peu associé à l'estime de soi. Comme toutes les grandes formules publicitaires, il est assez vague et fourre-tout pour qu'on lui colle toutes les significations que l'on veut. Après tout, « parce que je le vaux bien » ne veut pas dire grand-chose de concret. Le « je », trop distanciant entre les égéries et les consommatrices, a été transformé en « nous » en 2011. Contrairement à la plupart des publicités de parfums, l'industrie du maquillage raconte désormais le maquillage hors du regard masculin : le make-up est sorti du domaine de la séduction des autres, mais il est désormais soumis à notre propre regard, qui n'a jamais été aussi aiguisé.

Miroir, portraits, selfies : vers une nouvelle image de soi

Pendant très longtemps, il a été difficile de savoir à quoi on ressemblait. Disons que seuls les riches, ayant accès à un miroir ou à un portraitiste, avaient une vague idée d'eux-mêmes. L'ethnologue Élisabeth Azoulay explique comment les choses ont évolué au début du XXe siècle : « On assiste à la généralisation d'outils permettant ou même imposant l'examen, la modification, la conservation et la diffusion de l'image de soi. Le miroir, la photographie et l'éclairage électrique, notamment, introduisent le nouveau Narcisse dans un univers de précision à la fois flatteur et impitoyable. Jusqu'à la fin du XIXe siècle par exemple, dans les milieux populaires, on se contentait d'un tout petit miroir acheté à un colporteur. Au XXe siècle, le miroir entre dans la chambre à coucher puis dans la salle de bains[10]. »

10 Élisabeth Azoulay, « La beauté, ambassadrice du progrès », in *100 000 ans de beauté, op. cit.*

En 1879, Thomas Edison met au point la première ampoule. Désormais, on pourra se voir avec toujours plus de précision, toujours plus de couleurs, toujours plus de détails. L'accès au portrait photographique, qui devient de plus en plus courant dans la première partie du XXe siècle, modifie profondément le rapport à soi, les appareils se perfectionnent rapidement. Le portrait chez le photographe évolue.

> Les autoportraits photographiques, dont les prix deviennent abordables dans les dernières décennies du XIXe siècle, causent un véritable choc psychologique et cela est vrai pour les élites aussi. Le grand photographe Nadar raconte que certains clients refusaient leur portrait et confondaient le leur avec un autre. [...] Vers la fin du XIXe siècle, l'uniformité pousse les photographes à personnaliser leur portrait et c'est à ce moment-là qu'on se concentre aussi sur les visages. La retouche devient une part croissante du travail des studios. [...] Il y a une frénésie de retouche et les peintres retrouvent du travail en flattant beaucoup de clients. « Pour faire de l'effet, même Vénus doit être teintée », plaisante un photographe de l'époque[11].

D'un grand flou, on est peu à peu passé à la conscience aiguë de chaque détail. On se regarde autant, voire plus, à travers son écran que devant un miroir. Le selfie a transformé notre visage en multitudes de « régions » qu'il faut analyser. Sur de nombreux comptes Instagram, le visage est découpé pour mettre en valeur le maquillage. On ne voit qu'un œil ou une bouche, en gros plan. On fragmente pour mettre en valeur la technique. « Quand je maquille de jeunes actrices, j'observe qu'elles sont énormément

11 William Ewing, « Le choc de la photo », in *ibid.*

inspirées par les réseaux sociaux, me raconte la make-up artist Carole Colombani. Elles veulent des fonds de teint plutôt épais, des yeux très travaillés, peu de chose sur la bouche. Mais ce qui modifie vraiment notre travail, c'est qu'elles visualisent leur visage de très près : elles apportent le gros plan d'un œil, par exemple. Notre job est de "dézoomer". Il faut leur rappeler que l'on a deux yeux, un nez, une bouche, et qu'il faut que le maquillage s'intègre aussi avec le reste du corps et la tenue. On est devenu·es des décrypteur·euses de ce phénomène. L'autre évolution, c'est que ces femmes ont une connaissance extrêmement précise de leur visage, dès la vingtaine. Une actrice m'a ainsi demandé de camoufler une ombre créée par le bombé de sa bouche. » On scrute désormais les détails microscopiques de notre visage, on a conscience de la lumière avec une précision jusqu'au pixel. Lors d'une présentation pour la presse organisée par M·A·C, une des maisons les plus réputées en termes de techniques et de produits, un maquilleur nous expliquait : « Dans un monde où la caméra 4K est partout, la précision est une information essentielle. Si vous souhaitez prendre des selfies ou que l'on vous photographie, mettez du crayon à la commissures de vos lèvres en ouvrant la bouche. » L'iPhone va « voir » ce détail, que l'œil de votre interlocuteur n'aurait sûrement pas détecté.

Le maquillage d'aujourd'hui est d'ailleurs créé pour bien ressortir à l'écran. En 2019, lors du lancement, à Londres, de sa seconde collection pour Estée Lauder, Victoria Beckham nous confiait, à quelques consœurs et moi : « On prend sans cesse des selfies, des photos de famille, il faut être prête à être photographiée à tout moment. Sur le *red carpet*, une mauvaise poudre peut vous donner l'air d'un clown. Celle que nous avons créée réagit parfaitement à toutes les lumières : c'est ce que je recherche depuis des années. » Il est vrai que les flashs des appareils photo font ressortir les pigments différemment de la lumière naturelle. Victoria Beckham a orienté toute la collection autour de ce sujet : « En photo, un rouge à lèvres nude peut faire "disparaître vos lèvres" : c'est très difficile de trouver le nude mat parfait. Celui que j'ai créé a des sous-tons chauds, pour équilibrer. » Sa collection était réussie et l'idée que les femmes doivent être maquillées en vrai comme en photo, toujours et tout le temps, comme les célébrités, n'avait pas fait débat. Tout ce que vous voyez, dans la rue, sur papier glacé ou sur écran, est édité.

Cet écart entre la réalité et sa représentation ne date pas d'hier. La chercheuse Melissa Lee Hyde montre que nombreuses sont les femmes qui, aux XVIe et XVIIe siècles, commandaient des portraits d'elles-mêmes flatteurs, quitte à faire parfois fi du souci de ressemblance ou de vérité.

> Un bon portraitiste doit trouver un équilibre si délicat entre ces deux exigences que la satisfaction mutuelle du peintre et du modèle est chose rare. Une situation que déplore l'héroïne de Molière dans *Le Sicilien ou l'Amour peintre*. [...] Ce passage éclaire l'idée de beauté à la fin du XVIIe siècle. En cherchant à s'y conformer, les femmes usent et abusent d'une palette de rouge et de blanc, ce qui oblige les portraitistes à représenter « ce qui est déjà peinture » selon la formule d'un historien de l'art[12].

12 Melissa Lee Hyde, « L'amour du simulacre », in *ibid.*

Au même moment, l'idée de naturel progresse. L'utilisation de fards est vue comme un mensonge, amplifié par le portrait, qui représente de façon biaisée. C'est exactement comme les filtres de nos photos actuelles. Mais aujourd'hui, l'illusion est acceptée. « Ce n'est pas grave si ton visage sur Instagram n'a rien à voir avec celui de la vraie vie, m'explique Carole Colombani. Si on ne te reconnaît pas, c'est normal. On a intégré que le visage en photo est totalement différent. Cette génération n'a pas besoin que cela ressemble au réel. D'ailleurs, on me demande souvent un effet "iPhone 13" sur le teint, c'est-à-dire flouteur. C'est très nouveau. » Notre représentation sur écran, que l'iPhone modifie sans même qu'on le lui demande, a pris le pas sur notre enveloppe charnelle.

On sait que la photo d'une influenceuse en train de manger une glace dans un village du Sud de la France, avec du sorbet qui coule sur les doigts, fait l'objet d'une fabrication minutieuse. On sait que derrière chaque photo se cachent des dizaines de clichés ratés. On sait que pour obtenir le naturel parfait, une coiffeuse et une maquilleuse, ou au moins des heures de préparation, ont été nécessaires. On sait, depuis l'avènement vers 2015 de l'*Instagram husband* – le « mari Instagram », c'est-à-dire l'homme qui devient en quelque sorte le photographe attitré de sa partenaire –, que pour obtenir une bonne image il faut une mise en scène, un appareil performant, une connaissance de la lumière, le maquillage adéquat et, ensuite, la retouche digitale, plus ou moins perfectionnée. On sait que cette influenceuse qui vante les mérites de compléments alimentaires utilise un filtre pour avoir une peau aussi lisse que celle d'un phoque. Bref, on sait que ce que l'on voit est parfaitement créé, pensé, produit. Or, s'il suffisait de prendre une photo avec son iPhone, tout le monde le ferait. Le monde de l'influence s'est professionnalisé. Qu'est-ce que cela change vraiment ? De toute façon, le naturel n'existe plus. Ou plutôt : l'idée de naturel importe de moins en moins. Le hashtag #IWokeUpLikeThis (« je me suis réveillée comme ça ») qui accompagnait certains clichés était une blague dès sa création, en 2014. Plus personne ne l'utilise. Photoshop a été créé en 2001 et l'amendement de 2015 rendant obligatoire la mention « photographie retouchée » sur les publicités semble parfois faire partie du passé. Surtout quand on voit les rares campagnes « sans filtre » dont les affiches consacrent presque autant de place à la mention « photographie non retouchée » qu'à la photo elle-même.

Ce n'est pourtant pas qu'une affaire de selfies ou de générations. Peut-être avez-vous été victime de la *Zoom face* ? Pendant les confinements, les réunions en télétravail ont modifié la façon dont nous nous voyons. L'image de nous-même, constamment affichée au bas de l'écran, nous a beaucoup déprimé·es. Dans les médias nord-américains, plusieurs médecins esthétiques ont déclaré avoir bénéficié d'une croissance d'activité due à ce phénomène. À l'écran, on voit plus les cernes, on découvre son visage en mouvement, et on comprend aussi le pouvoir de la lumière. Bref, souvent, on se trouve moche. Les cercles lumineux LED, d'abord utilisés par les artistes et les influenceuses pour illuminer le teint, sont maintenant vendus chez Ikea, comme instruments banals du télétravail.

J'ai écrit un article sur le make-up idéal pour briller en réunion à distance, mais si vous ne voulez pas vous prendre la tête, sachez qu'un filtre existe. Il est disponible sur la version beta du logiciel Zoom. Il permet d'accentuer les sourcils et d'ajouter du rouge à lèvres, avec beaucoup de préférences possibles, ou d'ajouter une moustache. Si vous devez prendre la parole, le rendu n'est pas terrible. Mais si vous devez assister à une réunion sans parler, il donne parfaitement le change.

Le premier filtre de ce type a été diffusé en 2015 par L'Oréal Paris. À l'époque, il était disponible en boutique pour « essayer » une teinte de fard, de blush ou de rouge à lèvres. Dans la sphère professionnelle, ces filtres sont devenus une alternative efficace au maquillage. Ils sont destinés à nous rendre présentables, professionnelles, bref, ils constituent un sésame social virtuel, tout en nous épargnant le travail de se maquiller. Derrière l'écran, les cernes réels ne comptent plus.

C'est donc la technologie qui nous amène à modifier sans cesse notre visage et ses représentations, par du maquillage, un filtre ou une injection. Le make-up fait désormais figure d'option légère pour obtenir le résultat escompté. Notre attention au moindre détail nous conduit à en utiliser toujours plus, de manière plus précise. À nous réinventer, sans limites. La prochaine innovation make-up ne se situe sans doute pas dans les laboratoires des formulateurs, mais bien chez les concepteurs de nos smartphones.

Cette « super-connaissance » de soi accentue aussi la nécessité ressentie de faire quelque chose pour modifier son apparence. Le maquillage reste une contrainte économique à laquelle il est difficile de se soustraire. Même quand on a les moyens d'en acheter, il constitue une dépense non négligeable. Chez Shein, le leader de la fast fashion, le mascara est à 4,50 euros. Sur Amazon, on trouve des tubes à moins d'un euro, mais les commentaires sont assez dissuasifs. Sachant que l'inflation touche plus les produits féminins que l'ensemble des biens de consommations, les prix ont tendance à augmenter. Mais les fards apparaissent toujours comme une option économique, dans un monde où les interventions plus coûteuses, comme la pose de faux cils, de faux ongles, ou le tatouage des sourcils, sont de plus en plus répandues. Dans l'épisode 398 du podcast *What Works*[13], la journaliste étasunienne Jessica DeFino[14] affirme que nous vivons une période d'« inflation esthétique ». Elle explique que le prix à payer pour correspondre au standard de beauté attendu par la société augmente. Bien sûr, plus vous êtes loin de cet idéal, plus l'addition est salée.

Se maquiller ou ne pas se maquiller, telle est la question

Dans ce contexte où l'image de soi et les outils pour la modifier sont à disposition partout et tout le temps, ne pas se maquiller peut être perçu comme un exploit. Et de fait, il n'est pas rare que les femmes qui ne se maquillent pas soient vues comme des héroïnes. Il existe même un genre de récit, celui de « la femme qui arrête », qui revient

13 Un podcast de la journaliste Tara McMullin sur les questions économiques.

14 Autrice de la formidable newsletter beauté *The Unpublishable*, abonnez-vous !

régulièrement dans les médias : après des années d'asservissement, elle dit stop et l'annonce au monde.

Cet événement fait figure de réussite, même quand l'abstinence ne dure que le temps d'un cliché. Sur les réseaux sociaux, les filles qui apparaissent sans fard récoltent parfois des critiques, mais aussi de nombreux compliments pour leur « courage ». Quand la plus grande influenceuse mode du monde, Chiara Ferragni (28,1 millions d'abonnés sur Instagram au moment où j'écris ce livre), montre son acné, sans fond de teint, elle le fait car c'est précisément le secret de son succès. Sa vie de riche entrepreneuse est plus belle et réussie que la nôtre, mais elle reste une grande fille toute simple et imparfaite, comme nous. Elle entretient ce mélange qui la rend suffisamment intéressante pour qu'on continue à la suivre : elle est loin de nous – elle bénéficie des services d'une make-up artist et d'un coiffeur tous les jours – et pourtant proche, car sa peau a des imperfections. Le fait de se maquiller ou non est pour elle un outil de plus pour allonger ou raccourcir le lien qui nous attache à elle. Une photo sans maquillage lui fait gagner des points en « authenticité », la valeur clé des réseaux sociaux. Elle est « vraie », elle ne ment pas, elle ne se cache pas.

En décembre 2017, Alicia Keys raconte dans la newsletter *Lenny*, de Lena Dunham, pourquoi elle arrête le maquillage. Elle intitule le texte « Il est temps de se découvrir ». Bilan : 13 millions d'occurrences sur Google, preuve que le geste interpelle. Elle raconte qu'avec la célébrité, elle était devenue « un caméléon ». Dans un morceau intitulé *Girl can't be herself*, elle chante :

> In the morning from the minute that I wake up
> What if I don't want to put on all that make up?
> Who says I must conceal what I'm made of?
> Maybe all this Maybelline is covering my self-esteem[15].

Elle espère que ce mouvement soit une révolution. « Parce que je ne veux plus porter de maquillage. Ni sur ma peau, ni sur mon esprit, ni sur mon âme, ni sur mes pensées, mes rêves, mes difficultés ou mon parcours émotionnel. Nulle part. » Dans cette optique, le maquillage est un obstacle entre la vérité et moi. C'est une barrière pour accéder à ma véritable identité. Ce n'est pas une question d'apparence, il s'agit de la valeur que je m'accorde.

L'Oréal Paris, qui a su surfer sur les vagues du féminisme pop depuis sa création, a évidemment repris cette idée à son compte. En janvier 2022, la marque a lancé sur sa chaîne YouTube une série de « Lessons of worth » (« Leçons de valeur ») au cours desquelles on voit la chanteuse Yseult, les actrices Leïla Bekhti ou Jane Fonda parler face caméra d'estime de soi en plantant leur regard dans celui de la spectatrice. Dans la vidéo qui lui est consacrée, Kate Winslet se démaquille en appliquant des cotons sur son visage et déroule son discours en finissant peau nue. Elle raconte : « Avec ou sans maquillage, rester vous-même, rester fidèle à celle que vous êtes, est la seule chose qui compte. » La marque ne va pas jusqu'à dire que le maquillage est une tromperie, mais elle revendique une forme d'authenticité sans make up.

---

15 « Le matin, quand je me réveille / pourquoi ne pas refuser tout ce maquillage ? / Qui dit que je dois dissimuler ce dont je suis faite ? / Peut-être ces produits Maybelline ne recouvrent-ils rien d'autre que mon amour propre. »

Il n'empêche que L'Oréal vend toujours des palettes. Alicia Keys, elle, pose encore avec un minimum d'ornements dans les magazines. Elle a lancé une gamme de soins pour la peau, Keys Soulcare, en avril 2021. Le site internet de la marque promet qu'ils nourrissent l'âme.

Depuis quelques années, l'idée qu'on est en accord avec soi-même et qu'on accède à la vérité lorsqu'on affiche sa peau nue est régulièrement reprise : par l'ex-miss France Laury Thilleman ou par Bella Hadid, une des mannequins les plus connues au monde, qui publie des clichés d'elle en train de pleurer, yeux rougis et peau naturelle. À la sauce 2022, ce geste porte aussi l'idée que, quand on cesse de se maquiller, on fait enfin la paix avec soi-même. « *Inner peace is the real success* », peut-on lire sur les comptes de mille et une influenceuses bien-être et/ou business. On a basculé du côté wellness de la force : ce n'est plus une question d'esthétique, mais de bien-être.

Pourquoi cette rhétorique fonctionne-t-elle ? Parce que ces femmes sont principalement jeunes, hétéros et correspondent aux canons de beauté en vogue. Elles sont confrontées moins souvent que la plupart des femmes aux jugements négatifs, et remettent donc moins en cause le rapport de séduction entre les genres. Leur décision d'arrêter de se maquiller change sans doute leur vie quotidienne, le regard des gens qui les croisent, voire le rapport qu'elles entretiennent avec elles-mêmes, elle n'est pas anodine, mais elle n'a pas d'impact sur les structures qui régissent les rapports sociaux puisque ces femmes continuent de correspondre aux standards de beauté. La mocheté ou même la simple banalité, elles, ne sont pas admises dans la féminité.

On peut distinguer plusieurs profils de femmes qui ne se maquillent pas. Il y a celle qui est au summum de sa santé potentielle. Elle n'a pas besoin de se maquiller car elle « mange très pur », comme dit Jessica Chastain en interview. Cette femme-là sait ce qui est bon pour elle : elle mange essentiellement végétal, local, de saison et bio, pas de sucre, du « bon » gras uniquement, des céréales complètes, peu de gluten et du lactose seulement les jours de fête. Elle ne fume pas, bien sûr, elle boit beaucoup d'eau, à température ambiante, tout au long de la journée. Elle gobe des compléments alimentaires très chers. Parfois, elle boit un verre de vin. Ses secrets de beauté ? Elle dort beaucoup et se protège du soleil. C'est souvent une femme riche, blanche, mince et qui médite. Elle a vaincu Ovide, car elle n'a pas besoin d'artifices pour séduire. L'ensemble de son allure raconte au monde qu'elle rentre dans les cases de la séduction traditionnelle. C'est par exemple la mannequin qui tente une autre carrière, ou la prof de yoga, ou la naturopathe. Le fait de ne pas porter de maquillage devient une publicité pour son mode de vie sain. Je la décris longuement, car je la connais bien : je l'interviewe régulièrement. Elle est un modèle pour les autres femmes, mais elle remplace le « travail » que représente le fait de se maquiller par d'autres tâches – bien manger, faire des masques, aller en institut – qui prennent en réalité plus de temps et coûtent plus cher. L'industrie a repackagé cela sous l'appellation *inner beauty*, la « beauté intérieure », qui n'est plus celle de l'âme, mais la beauté d'un point de vue organique : c'est le contenu de vos intestins qui est beau et qui, par effet de halo, va embellir votre visage.

Une femme peut également ne pas se maquiller parce qu'elle est « déconstruite ». Elle est sortie des carcans imposés par le patriarcat, elle considère que les femmes ne devraient pas accomplir ce travail d'embellissement plus que les hommes. Elle juge que son corps n'est pas à la disposition du regard des autres. Elle accepte sa beauté telle qu'elle est, avec ses défauts, sa singularité. Les signes de fatigue sont une partie de son histoire, et ils sont séduisants (ou alors, elle s'en fout). Son visage nu est parfois perçu par les autres comme une forme de militantisme, même si elle ne l'analyse pas forcément comme tel.

Celles qui travaillent dans un univers masculin, où il faut ne pas avoir l'air féminine – voire où il vaut mieux paraître masculine –, peuvent aussi être amenées à ne pas se maquiller pour être respectées. C'est un choix par défaut, pour s'adapter à son milieu.

On peut ne pas se maquiller parce qu'on n'a pas le temps ni – c'est souvent son corollaire – l'argent. Encore un choix par défaut.

Enfin, il y a celles qui ont un rapport tout à fait neutre à l'action de se maquiller. Elles se sentent « autorisées » à le faire, mais cela ne les intéresse pas. Leur visage leur convient tout à fait comme ça. Existent-elles vraiment ?

Tous ces profils concernent des femmes qui évoluent dans le système hétéro, et les gagnantes sont toujours à peu près les mêmes : celles qui travaillent d'une autre manière sur leur apparence. Mais il existe une autre raison de ne pas se maquiller : vouloir se soustraire à la séduction masculine. Cela peut être parce qu'on ne cherche pas à avoir de relations romantiques ou sexuelles – ce qui ne veut évidemment pas dire que toutes les personnes aromantiques ne se maquillent pas. Mais celle à laquelle on pense immédiatement, c'est la butch, la lesbienne-qui-ne-se-maquille-pas, souvent considérée comme masculine. C'est un cliché tellement vieux et ancré dans nos imaginaires que son opposé, la « lipstick lesbienne », inventé dans les années 1980, désignait la lesbienne qui se maquille. Ces deux archétypes paraissent obsolètes aujourd'hui, même si la butch reste une figure importante dans l'imaginaire lesbien.

Les femmes hétérosexuelles et lesbiennes ont-elles un rapport différent au maquillage ? Je n'ai pas trouvé d'étude qui le dise formellement, sans doute parce qu'il y a autant de nuances que de femmes sur la planète. Dans leurs travaux, deux chercheuses de l'université de Bristol notent simplement que les bisexuelles utilisent moins de cosmétiques que les hétérosexuelles, et les lesbiennes encore moins[16]. Et c'est tout. En fait, les études s'intéressent plus aux standards de beauté et à « l'esthétique lesbienne » qu'au maquillage, qui, comme il semble être moins utilisé, n'est pas vraiment un objet de recherche. Il y a consensus pour dire que les esthétiques lesbiennes se sont diversifiées ces dernières décennies et qu'il y a beaucoup moins

16 Nikki Hayfield, Emma Halliwell et Victoria Clarke, « An exploration of bisexual, lesbian, and heterosexual women's body dissatisfaction, and body hair and cosmetics practices », Department of Health and Social Sciences, University of the West of England, 2017.

de différences entre les styles lesbiens et les styles hétéros. On explique en partie cette évolution par la visibilité croissante des lesbiennes dans la pop culture et par leur acceptation grandissante dans la société[17]. En 2021, trois chercheuses canadiennes notent que, pour la première fois, la majorité des lesbiennes interrogées définissent leur style comme *femme*, même si elles jugent que l'esthétique *boyish* est plus répandue[18]. Elles utilisent peut-être du maquillage, mais l'étude ne le mentionne pas. Les chercheuses notent que l'esthétique butch disparaît également car on a moins besoin que les autres « lisent » le look.

Dans ces études, la relation à la coiffure est un peu détaillée : l'allure peut être un moyen de se conformer à la communauté de lesbiennes à laquelle on appartient ou, au contraire, une forme de couverture, pour ne pas attirer l'attention sur soi et éviter des agressions homophobes. Les résultats montrent aussi que certaines femmes rejettent le maquillage au moment de leur coming-out, avant de changer de style plus tard. Le make-up semble être autant un moyen d'exprimer son identité que de communiquer clairement avec les autres.

Et bien sûr, les chercheur·euses rappellent toujours qu'une tension existe entre le fait de se conformer à un stéréotype et exprimer sa propre identité. Le terme

---

17 Victoria Clarke, Emma Halliwell et Caroline Huxley, « Resisting and conforming to the "lesbian look": The importance of appearance norms for lesbian and bisexual women », *Journal of Community & Applied Social Psychology*, vol. 24, n° 3, 2014.

18 Audrey Gunn, Rhea Ashley Hoskin et Karen L. Blair, « The new lesbian aesthetic? Exploring gender style among femme, butch and androgynous sexual minority women », *Women's Studies International Forum*, n° 88, 2021.

« lipstick lesbienne » n'est plus utilisé, sans doute parce que le sous-texte de l'expression, soit le reproche d'une soumission au carcan patriarcal, a moins de sens aujourd'hui. La question n'est plus vraiment d'utiliser du maquillage ou non, mais plutôt de savoir comment on le met. « Je me maquille différemment selon que je veux paraître lesbienne ou hétéro, m'a confié une amie. La différence est subtile : avec un trait d'eyeliner relevé, on a l'œil rond et innocent, donc séduisant pour les hommes. Plus allongé, il n'envoie pas le même message. Et puis, quand je veux paraître hétéro, je ne maquille jamais les yeux et la bouche à la fois, ça fait beaucoup trop peur aux mecs. » Elle me confiait une autre observation : « L'androgynie a beaucoup été reprise par la pub, le luxe, la mode. En réaction, on voit chez certaines lesbiennes un retour à l'hyper féminité. » Bref, un maquillage qui évolue en fonction du rapport à soi-même et aux autres.

La question de se maquiller ou non se pose aussi aux femmes trans. Pour certaines, l'expérience avec le maquillage est une question de survie. Dans une étude menée en 2019[19], les participantes expliquent qu'adhérer aux standards de beauté est un moyen d'assurer leur « passing » (le fait d'être perçue comme une femme), ce qui est important pour augmenter leur sécurité et ne pas être mégenrées. Ces standards de beauté correspondent aussi, dans une certaine mesure, à la façon dont elles veulent

---

19 Delmira Monteiro et Mixalis Poulakis, « Effects of cisnormative beauty. Beauty standards on transgender women's perceptions and expressions of beauty », *Midwest Social Sciences Journal*, vol. 22, n° 1, 2019.

exprimer leur identité de genre. Une femme interrogée raconte : « Je ne sors pas de chez moi sans maquillage et j'en mets même un peu plus qu'une femme cis, [...] parce que je sais que si quelqu'un aperçoit fugacement un vêtement rose et des cheveux longs, [...] il ou elle imagine une femme, de manière inconsciente. Donc je suis toujours en train d'essayer de me vendre. »

Un tiers des participantes déclarent qu'elles ressentent une pression pour ressembler aux expressions conventionnelles de la beauté. L'une dit : « Je suis comme toutes – ou la plupart – des femmes. J'ai vu les publicités pour les produits de beauté, j'ai regardé les tutos sur YouTube et je suis allée chez Sephora me faire appliquer mon maquillage. J'en ai acheté. Nous achetons toujours ce que la société attend d'une femme car nous essayons de passer inaperçues. » Le but du maquillage se borne-t-il, pour elles, à ressembler à une femme cis ?

Le passing est sujet à controverse : dans l'étude, 66 % en reconnaissent l'utilité, 58 % l'évaluent négativement et 33 % l'envisagent comme un but (à la fois intime et général). Une interrogée résume : « C'est compliqué car, pour un grand nombre de personnes, c'est un moyen de diminuer les risques de violence et de discrimination. Mais cela sous-entend aussi qu'il y a une bonne manière d'être trans ou d'exprimer son genre, et que c'est d'être perçue comme cisgenre. » Le maquillage est un outil (comme la médecine esthétique) pour féminiser le visage, donc, pour certaines femmes trans, la façon de se maquiller est sans doute encore plus normée que pour les femmes cis. Elle n'est pas qu'un embellissement, elle est un challenge à réussir, largement conditionné par la transphobie. D'ailleurs, le fait que beaucoup de femmes trans se conforment aux standards de beauté classiques est un des arguments utilisés par les féministes TERF (les Trans-exclusionary radical feminists soit les féministes radicales excluant les femmes trans des luttes féministes). Celles-ci militent pour une acception « biologique » des femmes et reprochent aux femmes trans, entre autres, de renforcer les stéréotypes de genre, donc le système patriarcal, lorsque certaines d'entre elles adoptent des codes de maquillage ou vestimentaires très symboliques de la féminité. Selon moi, elles prennent le problème à l'envers : c'est en démantelant les esthétiques dictées par le système patriarcal, et la violence qu'elles provoquent, qu'on lutte contre la domination des hommes sur *toutes* les femmes.

Aux États-Unis, l'enseigne Sephora a proposé il y a quelques années des Classes for Confidence, soit des cours de maquillage destinés aux personnes trans, mais ils n'existent plus. En France, ce type de cours est rare. Jennifer Persévérante a fondé le salon Transbeauté, en région parisienne, pour accompagner les personnes souhaitant « féminiser leur visage ». « Les personnes qui viennent me voir ont des expériences très variées, raconte-t-elle. Parfois, ce sont des hommes qui se maquillent sans le dire à leur entourage et passent un moment pour eux, à l'abri des regards, avant de retrouver leur quotidien. Pour d'autres, c'est le début d'une transition, et se voir maquillée crée un déclic. Il y a beaucoup d'histoires différentes, mais en général, ce moment est un chamboulement. » Elle propose un maquillage adapté à la demande, sans cliché. « Je ne transforme pas le visage et je n'enseigne pas la technique du contouring. L'idée, c'est de faire du "naturel qui se voit", c'est-à-dire un make-up avec lequel on pourrait sortir dans la rue, mais travaillé, avec des yeux charbonneux, du mascara et du rouge, par exemple. »

La vision ultra genrée du maquillage dans laquelle nous vivons crée une norme, et chaque femme entretient un lien plus ou moins étroit avec elle. Dans tous les cas, il faut justifier son choix. En fait, le maquillage est tellement omniprésent que son absence est criante. Ne pas se maquiller, c'est déjà un look. La portée de ce choix reste souvent liée à l'orientation sexuelle, l'identité de genre, l'âge. Mais on peut aussi dépasser ces normes : « Le fait de s'orner est nécessaire : il ne s'agit pas de se cacher ou de s'embellir, mais de se représenter, un besoin nécessaire à tous les êtres vivants, résume Camille Froidevaux-Metterie. Modifier son apparence enrichit l'identité, l'augmente, même. [...] Du coup, dans cette optique, tous les choix sont bons et valables[20]. »

Les maquilleuses, nouvelles stars ?

Si l'on applique toujours plus de maquillage, tout le temps et partout, est-ce que maquilleur·euse est pour autant un métier d'avenir ? Je me suis posé la question en lisant une étude (menée hors de France) qui mettait en

20 Camille Froidevaux-Metterie, *Le corps des femmes. La bataille de l'intime*, Philosophie Magazine éditeur, 2018.

lumière que les métiers de l'esthétique étaient un moyen de s'enrichir pour les femmes.

La mythologie de la beauté moderne est construite autour de grandes entrepreneuses : Estée Lauder, Helena Rubinstein, Elizabeth Arden, les sœurs Carita, et bien sûr Coco Chanel. Ces femmes ont souvent commencé à vendre des crèmes de soin ou du parfum, pas du maquillage. C'est un secteur qui communique beaucoup autour des femmes fondatrices : si vous tapez « CEO beauty » dans un moteur de recherche, vous trouverez des dizaines de success stories. Mais ces femmes sont de petits arbres qui cachent une forêt d'hommes. En 2017, le magazine *Women's Wear Daily* avait établi la liste des cent entreprises les plus influentes dans l'industrie cosmétique : seulement dix d'entre elles étaient dirigées par une femme[21]. En 2021, le même magazine recensait seulement trois femmes PDG parmi les vingt plus gros producteurs de beauté[22]. Inversement, les fondatrices de petites *indie brands* (« marques indépendantes ») sont plus nombreuses, mais les chiffres sont impossibles à suivre puisque de nouvelles marques se créent en continu.

Selon la base de données LedBetter, chargée de déterminer les disparités de genre au sein des entreprises, en 2017, les femmes occupaient 34 % des emplois au sein des comités de direction et 24 % des postes de direction dans les entreprises de soin à la personne. Parmi les vingt chef·fes d'entreprises de beauté les mieux payé·es au monde,

21 Jennifer Weil, « L'Oréal places first among beauty, luxury companies in gender-equality ranking », *WWD*, 8 mars 2022.

22 Allison Collins, « Are women moving up beauty's corporate ladder? », *WWD*, 26 mars 2021.

seules trois sont des femmes. On est loin d'une supériorité féminine.

Du côté des make-up artists, en revanche, la décennie 2020 est peut-être enfin celle des femmes : dans les grandes maisons, elles ont peu à peu remplacé les hommes à la direction artistique (DA). Certaines sont impliquées dans la conception des produits, d'autres sont plutôt ambassadrices auprès de la presse et du public. L'Italienne Lucia Pica était DA chez Chanel avant de passer chez Byredo, Linda Cantello chez Yves Saint Laurent avant d'entrer chez Armani, la légende Val Garland est chez L'Oréal Paris. Les contrats ont sans doute changé : ils sont plus courts et moins engageants que par le passé – on peut développer sa propre ligne en parallèle, comme la Française Violette chez Guerlain et la Britannique Lisa Eldridge chez Lancôme. Il semble d'ailleurs que l'expérience dans de grandes maisons mène naturellement à la création d'une marque en propre. Terry de Gunzburg, la créatrice du fameux Touche Éclat d'Yves Saint Laurent (un « stylo » hybride, qui corrige cernes et défauts, et illumine le teint, un succès absolu), fut l'une des premières à le faire, avec By Terry, il y a vingt ans. Aujourd'hui, elles sont légion. La Britannique Isamaya Ffrench a elle aussi longtemps été partenaire d'Yves Saint Laurent, de Louboutin ou de Byredo, avant de lancer sa gamme, Isamaya, en 2021. Il faut tout de même nuancer ce constat. Le passage par une maison de luxe n'est plus le seul signe de réussite : Instagram a pris une place considérable. Selon le site Byrdie, sur les vingt maquilleur·euses de célébrités les plus influent·es d'Instagram, seuls sept sont des hommes[23].

Peut-on conclure pour autant à une féminisation du métier ? On voit davantage les femmes, c'est sûr. « En grandissant, j'admirais les maquilleurs Topolino et Stéphane Marais, se souvient Carole Colombani. C'était la génération des femmes coiffeuses. Aujourd'hui, c'est l'inverse, sans que je sache vraiment l'expliquer. » Elle conçoit le maquillage de certains défilés et forme une team qui l'exécute. « Au sein de mes équipes, je dirais qu'il y a désormais 80 % de femmes. Il y a une féminisation indéniable depuis une décennie. C'est sans doute car la société a changé : on juge peut-être moins durement les jeunes femmes qui se jettent à corps perdu dans un métier où l'on fait beaucoup de compromis. On sacrifie sa vie sociale, parfois un projet de maternité, pour faire passer la vie professionnelle en premier et vivre sa vie en last minute permanent. » Effectivement, la vie de maquilleur·euse studio et défilés, c'est ça : les make-up artists sont représenté·es par des agences, chargées de dealer des missions. Lors d'un shooting, l'équipe est souvent finalisée au dernier moment : on monte la séance en fonction des disponibilités des photographes, des mannequins, des responsables beauté, parfois de la destination choisie et des tarifs des billets d'avion. Autant de paramètres qui font que la date se décide souvent du jour au lendemain. Il faut donc être prêt·e à sauter dans

23 Elinor Block et Eden Stuart, « The 20 most influential celebrity makeup artists on Instagram », Byrdie, 10 novembre 2022.

un avion régulièrement, et les journées s'achèvent quand le nombre de photos souhaité est atteint, donc tard. « Pour réussir, il faut être très flexible. C'est simple, il ne faut pas avoir de vie du tout. Si on travaille correctement et que l'on est disponible, alors on va travailler sans arrêt », me confirme Vincent de Monfreid, directeur de la pédagogie à la Make Up For Ever Academy de Boulogne, une des écoles les plus réputées dans le milieu.

Il existe plusieurs parcours pour devenir maquilleur·euse : CAP, bac pro ou BTS, ainsi qu'une flopée d'écoles et de formations privées, mais seules quelques-unes délivrent un diplôme reconnu par l'État. Vincent de Monfreid m'explique que la réalité du métier regroupe des situations extrêmement différentes : « Il y a des maquilleur·euses-vendeur·euses, qui sont en boutique, et celles et ceux qui font du plateau, c'est-à-dire des photos, de la télé ou du cinéma. » C'est un métier précaire. « Les débouchés sont peu nombreux, précise-t-il. On sait très bien qu'on forme beaucoup de monde, mais qu'une partie fera autre chose. L'option la plus stable est de se faire embaucher par une marque et de devenir conseiller ou conseillère. Cela concerne environ 50 % des étudiant·es. L'autre moitié a un statut d'intermittent·e ou d'auto-entrepreneur·euse, et une carrière plus chaotique. Aujourd'hui, ce sont les séries qui embauchent beaucoup. Le salaire officiel sur un tournage se situe entre 150 et 200 euros bruts par jour, mais évidemment cela peut augmenter de manière exponentielle lorsqu'on fait de la publicité. »

Ce qui a changé, c'est le statut de la maquilleuse. En vidéo-conférence depuis son bureau new-yorkais, Violette me raconte: « Quand j'ai commencé, il y a dix-huit ans, il y avait peu de femmes-cheffes, mais déjà beaucoup d'assistantes : on allait vers plus d'égalité. Quand j'arrivais au studio avec mon rouge à lèvres mat, mon chapeau et ma valise des années 1950, j'essuyais beaucoup de réflexions. À l'époque, on demandait à la make-up artist de s'effacer derrière la personne qu'elle maquillait. Mais on n'exigeait pas ça des hommes. C'était un milieu très difficile pour les femmes. Moi, j'ai toujours pensé qu'assumer qui on est rassure la personne qu'on maquille et lui donne un sentiment de sécurité. Du coup, je suis toujours allée à l'inverse de ces réflexions. » Les choses ont changé depuis : « Aujourd'hui, c'est tout à fait le contraire. Les réseaux sociaux ont complètement "starifié" le métier. La première fois qu'une maison m'a proposé de me maquiller moi-même, c'était il y a une quinzaine d'années et cela m'avait complètement horrifiée. Aujourd'hui, les femmes se maquillent sur les réseaux sociaux, et cela permet une identification immédiate de la part de celles qui les regardent. On peut désormais être artiste et sa propre muse à la fois. Les réseaux sociaux ont aussi largement déstigmatisé le métier. On met en avant le côté artistique et créatif. »

Cela a libéré aussi les talents. « Le seul secteur encore dominé par les hommes, c'est celui du maquillage pour célébrités, où la plupart des grands noms restent masculins, juge Carole Colombani. Mais les réseaux sociaux ont transformé notre job : le fait que les femmes peuvent conseiller d'autres femmes est complètement accepté. L'autre changement, c'est qu'on voit de nombreuses femmes oser faire des images de maquillage assez radicales, très créatives.

C'est un formidable moteur pour la jeune génération. Cela pousse à explorer le potentiel du maquillage, c'est très important dans le processus artistique. »

Vincent de Monfreid, lui, ne constate pas de changement profond : « J'enseigne depuis vingt-deux ans, et le métier a toujours été très féminin. Je dirais qu'il est constitué à 80 % de femmes. Cela reste constant. Les hommes sont toujours plus visibles car ils ont plus de facilité à trouver du travail. Les marques les recherchent car l'idée répandue est que les femmes apprécient le regard masculin. Les clientes se sentiraient mieux lorsqu'elles sont conseillées par un homme, et non par une femme, comme s'il y avait une sorte de rivalité. Dans les grands magasins, par exemple, de nombreux conseillers sont encore des hommes. » Cette idée du regard masculin, plus facile à « supporter » pour les femmes, m'a beaucoup étonnée. En fait, elle m'a fait bondir. Elle nous ramène toujours à l'idée que le maquillage sert à séduire un ou tous les hommes pour avoir une meilleure vie. Ce système place les femmes en rivalité systématique. La possibilité pour des femmes d'avoir un rapport de connivence, voire de sororité, est exclue. Quelle lecture dépassée des rapports humains. Ayant été maquillée par des hommes et des femmes, il me semble qu'il s'agit plutôt d'établir un rapport de confiance avec les maquilleur·euses, quel que soit leur genre. Le fait que nous soyons plus maquillées que jamais profite-t-il aux femmes ? Pas vraiment, semble-t-il. Le secteur reste dominé par les hommes, qui, à tous les niveaux, trouvent plus facilement un emploi et ont plus de visibilité. On aurait pu le deviner.

2. DE LA BEAUTÉ AU BONHEUR

Au moment où vous me lisez, peut-être que des tutoriels pour obtenir un effet «peau de donut», «peau de dauphin» ou «peau de dumpling» circulent sur TikTok. Avoir la peau brillante et lisse d'une pâtisserie, d'un cétacé ou d'un chausson garni est cool depuis 2020, et encore plus depuis que la mannequin Hailey Bieber a posé à côté d'un donut en 2022 pour lancer sa marque. Ce qu'elle vend, ce sont donc des produits pour ressembler à un beignet qui luit sous les néons d'une boulangerie. Pourquoi pas.

Ce qu'elle vend surtout, c'est elle-même: une jeune femme qui a globalement réussi sa vie, c'est-à-dire: qui est en bonne santé (ou en a l'air), physique et mentale, qui est insérée dans la société, qui a un travail (le corollaire étant d'être mince, jeune et riche, mariée...). Si les cinquante dernières années ont permis de sortir le maquillage du seul regard masculin, elles ont remplacé le capital de la beauté par le capital du bonheur. On ne se maquille plus pour avoir l'air belle, mais pour avoir l'air heureuse. C'est l'équivalent d'une stratégie de l'évitement. Plutôt que de prendre les problèmes sociaux et globaux à bras-le-corps, on les nie, on les enterre sous une couche de peinture. Plus les valeurs qui fondent la vie en société se délitent, plus on propose de moyens pour transformer son visage. Plus les grands chantiers de la vie intime – santé physique, santé mentale, sociabilité – sont désinvestis, par manque d'infrastructures mais aussi de projet commun, plus on nous enjoint à nous embellir. Tu ne peux pas aller voir de psy ? Mets donc de l'enlumineur.

Briller pour avoir l'air productive

Dans un contexte de privatisation de la santé, un mantra s'affiche partout : « *Healthy is the new sexy.* » Vous avez déjà passé tout un dîner à parler des intolérances alimentaires de votre voisine ou d'énergie vibratoire ? Vous n'avez pas de médecin traitant mais vous allez voir un maître reiki ? Cela est dû d'une part à la montée de l'industrie de la wellness, qui offre toute une panoplie de disciplines visant à améliorer le corps et l'esprit, d'autre part au délabrement et à la libéralisation des systèmes de santé : face aux inégalités d'accès aux soins, le fait d'être en bonne santé est un privilège et perçu comme tel. Afficher une bonne santé est donc un signe extérieur de richesse.

Dans l'industrie cosmétique, cela se traduit par le fait de servir du *healthy* à toutes les sauces, notamment pour parler du teint. Une maison est même allée jusqu'à utiliser les neurosciences pour expliquer qu'un teint harmonieux, sans taches, était préféré par nos pairs, en analysant le trajet des yeux de nos interlocuteurs à l'aide d'un ordinateur. Rien de tel qu'un discours scientifique pour apporter un semblant de sérieux à un lancement de produit. Les taches pigmentaires associeraient le teint à la maladie. La marque expliquait cela par l'instinct primaire, l'inné, et non par l'acquisition de codes sociaux. Bref, avoir un beau teint, c'est être globalement désirable. Et ce n'est pas vain. « Je me maquille pour ne pas avoir l'air malade », confiait une anonyme (en bonne santé) dans un article du *Guardian* sur nos habitudes post-Covid. Mais être sain ne signifie plus « ne pas être malade », cela signifie avoir le corps dans le meilleur état possible. Médias, conférences et livres de self-help proposent d'optimiser sa digestion, de mieux faire fonctionner son cerveau ou de « booster les mécanismes de défenses de la peau », par exemple. Il faut maximiser le potentiel de ses organes.

Esthétiquement, cela veut dire porter beaucoup de make-up, pour avoir l'air le plus sain possible. Depuis l'Antiquité, en Europe, on masque la maladie en la couvrant sous une pâte blanche, la céruse, puis en ajoutant de la couleur sur les joues pour avoir l'air moins momifié·e. Le blush signifiait que le sang circulait, que l'on était vivant·e. Et c'était tout. Aujourd'hui, la performance a changé. Le haut potentiel de santé moderne ne se résume pas à la couleur des pommettes ; il se traduit par le glow.

Rien n'a vraiment été inventé en maquillage depuis l'industrialisation : le mascara est resté du mascara, les fards des fards et les rouges des rouges. Certes, les textures ont évolué, mais la seule invention des cinquante dernières années, c'est celle du *glow*, voire du *healthy glow*. Ce glow désigne quelque chose que les journalistes beauté du monde entier se sont acharnées à décrire : l'éclat de la peau. Le but ultime, c'est que le glow ait l'air de venir de l'intérieur, comme si votre identité irradiait à la façon d'une lampe LED. L'intensité varie en fonction des régions du monde : en France, on privilégie toujours un effet discret, mais dans certains pays d'Asie, ou l'uniformité du teint est l'un des éléments les plus recherchés, ce glow peut-être plus visible, et parfois même avec des reflets rosés. L'éclat du teint, ce n'est pas une question de couleur, ni de texture, c'est une question de reflet de la lumière. Il faut que la surface de votre visage soit parfaitement lisse et homogène, donc sans taches ni rides. Cet idéal est l'opposé parfait de l'épiderme, qui est une succession de vallées et montagnes, de pores et poils, de rides et variations de teint. L'invention du glow a été une bénédiction pour l'industrie, car elle a permis d'étendre le secteur de l'anti-âge, très segmentant, à toute la population. Les jeunes femmes veulent de l'éclat. On leur vend des soins mais surtout, en maquillage, le désormais indispensable enlumineur (ou highlighter, je les considère comme synonymes, mais ce point fait débat). L'enlumineur, donc, est un moyen de faire briller la peau.

Le premier produit qui s'attaque à l'éclat de la peau est lancé en 1960 : c'est le Touch & Glow de Revlon, une sorte de fond de teint qui promet que la peau paraîtra aussi jolie que quand elle est illuminée par des bougies. D'ailleurs, la pub est illustrée par un couple dînant aux chandelles. Mais il ne s'agit en aucun cas d'un enlumineur, c'est plutôt un fond de teint. Au fil des époques, le nom Touch & Glow reste, mais les déclinaisons n'ont plus rien à voir avec l'original. Il s'agit aujourd'hui d'un antitaches.

La catégorie des enlumineurs est véritablement lancée avec la Strobe Cream, créée par la marque M·A·C en 2000 et surtout prisée des maquilleurs professionnels. Il s'agit d'une crème hydratante très chargée en nacres transparentes, qui donne un éclat presque surnaturel à la peau, avec des reflets violets. En anglais, le mot a même été dérivé en verbe : on parlait de *strobing* il y a quelques années. À l'époque, on l'utilisait en studio et sur les défilés. Les maquilleur·euses se sont beaucoup amusé·es avec ces techniques, qui permettent de traiter la peau comme un espace à conquérir, au même titre que les paupières, qui accueillaient déjà fards, eyeliner, strass, etc. L'origine de l'enlumineur est directement liée à la photographie : avec l'arrivée de la haute définition et du digital, on ne travaille plus seulement en ombre et lumière, mais on cherche à créer quelque chose sur le teint. On accroche la lumière d'une façon nouvelle, on ouvre un nouveau champ des possibles. En 2015, pour le défilé Opening Ceremony, le make-up artist James Boehmer, directeur artistique de la marque de cosmétiques NARS, expliquait dans le communiqué de presse : « On avait cette idée d'une serre avec de l'humidité et de la condensation sur la peau. Ce look, c'est une jolie transpiration contrôlée – un teint nude et une peau glossy. »

Depuis, M·A·C a lancé de multiples variations de sa Strobe Cream : pour tous les teints, plus ou moins transparente, plus ou moins hydratante. Et le reste du marché s'est engouffré dans la brèche : chez Sephora, on compte 238 produits dans la catégorie highlighter, contre « seulement » 154 blushs. Vous trouvez tout ce que vous voulez : si vous aimez le bio, vous adopterez des huiles chargées en nacres, si vous aimez les sticks, plusieurs teintes existent, idem pour les poudres transparentes ou colorées, il y a même des crèmes à appliquer à la main. Tout est possible. La technique marche sur toutes les carnations, les maquilleurs déconseillent simplement de l'appliquer aux endroits qui plissent. Il suffit d'en poser sur les parties bombées du visage, soit celles que l'on veut mettre en valeur : le haut des pommettes, l'arc de Cupidon – au-dessus de la lèvre supérieure –, l'arête du nez... L'idée, c'est de fixer la lumière sur les parties lisses, pour avoir l'air jeune, réveillée, hydratée et en bonne santé.

L'highlighter est vendu par tout le monde, y compris les marques qui vantent des esthétiques très « naturelles ». J'en porte moi-même systématiquement. J'ai troqué mon blush contre un stick transparent que j'applique religieusement. Pourtant, aucune peau ne brille au naturel. Rien ne fait briller la peau sauf la sueur, mais celle-ci n'apparaît pas sur les joues – sur le front à la limite, mais les gouttes de sueur font moins d'effet qu'un enlumineur. Lorsqu'elle est mouillée, la peau ne luit pas comme ça non plus. On a intégré les codes de la photographie dans notre perception du naturel. Les codes de la photo et ceux de la réalité se sont entremêlés. On a réinventé le naturel.

Une fois ouverte la porte vers cette peau ultra saine et virtuelle, tout est devenu possible : la lumière s'est dissociée de la réalité. La tendance de la *glass skin*, venue de Corée, s'est exportée mondialement en 2017 : il s'agit d'une peau transparente comme du verre, qui laisserait passer la lumière et serait parfaitement lisse. Évidemment, ça n'existe pas. La Corée étant la grande prescriptrice de soins de la peau, c'est plutôt au niveau des crèmes de jour qu'elle a exporté des routines élaborées pour atteindre ce but. Aujourd'hui, avec l'apparition de la *glazed donut skin*, le maquillage reprend le pas sur les soins. De nombreuses maisons lancent des produits hybrides, à poser partout, sur la peau, les yeux ou les lèvres : votre teint raconte autant de vous que votre bouche. Une peau qui brille, c'est le signe que vous êtes fraîche, énergique – potentiellement efficace et rentable.

L'autre endroit où la santé se voit, c'est autour des yeux. Les vendeurs de crèmes ne parlent plus d'anti-âge – c'est désormais le rôle de la médecine esthétique. En revanche, on cherche par tous les moyens à gommer les signes de fatigue, ou ce qui pourrait nuire à un état apparent de productivité. C'est l'ère des fonds de teint qui lissent, des enlumineurs qui donnent de l'énergie, des rouges qui regonflent, des fards qui ouvrent l'œil, des eyeliners qui réveillent le regard. L'accessoire le plus emblématique de cette rentabilisation potentielle de l'apparence est l'anticernes, inventé d'abord pour cacher les défauts du teint plutôt que les cernes. C'est la marque fondée par Max Factor, le pape du maquillage aux États-Unis dans la première moitié du XXe siècle – il maquille toutes les stars de cinéma à Hollywood, de Joan Crawford à Jean Harlow –, qui lance une des premières versions à destination du grand public dans les années cinquante. L'anticernes n'a pas beaucoup évolué depuis. Il s'agit toujours d'une crème plus ou moins compacte, que l'on applique souvent au doigt, ou bien à l'aide d'un applicateur de gloss. La formule doit être très couvrante donc riche en pigments. Un bon anticernes est difficile à trouver : il doit à la fois déposer la couleur sans créer de paquet et s'adapter aux reliefs de cette région particulière. On n'a toujours pas inventé l'anticernes parfait, car les cernes ne sont pas une couleur, mais une perte de volume. Comme on bouge beaucoup les muscles orbitaux, on perd cette graisse au fur et à mesure des ans. Elle descend et forme un creux. C'est aussi une zone très vascularisée, où l'on aperçoit les vaisseaux car la peau est plus fine que sur le reste du visage. D'où ces traces violettes sur phototypes clairs. Sur les phototypes élevés, il s'agit plutôt d'une hyperpigmentation : les mélanocytes de la peau sont plus concentrés autour de l'œil et forment des zones foncées.

L'idée que vous avez des cernes parce que vous êtes fatigué·e n'est donc pas vraie. Elles sont simplement un signe que vous êtes vivant·e. On les associe à un manque de sommeil car on les confond avec les poches qui, elles, sont plus visibles au réveil. En effet, quand on est allongé·e, la lymphe – le liquide biologique notamment chargé d'évacuer les déchets – sort des orbites et crée ce relief. Au fur et à mesure de la journée, les poches sous les yeux se dégonflent. Mais cela n'a rien à voir avec votre niveau d'énergie. Leur couleur non plus. Pourtant, on s'attache tous les matins à les cacher pour paraître « en meilleure forme ».

L'interview accordée par une médecin esthétique de Miami à *Fashionista* dit tout de cette obsession du teint rentable[1]. Elle pique les mannequins de vingt-cinq ans entre deux défilés, au moment le plus intense de leur année, et les personnes plus âgées entre deux rendez-vous : il faut paraître *refreshed*, « rafraîchi·e », comme un site internet que l'on met

1 Fawnia Soo Hoo, « What Fashion Week is like for a Botox and filler guru », *Fashionista*, 5 septembre 2017.

à jour en un clic. Une injection en haut des pommettes, et tout le monde semble plus frais. Personne ne pense que vous travaillez trop et que vous n'en pouvez plus.

Ne pas vieillir, mais un peu quand même

Au travail, dans la pub, dans la mode... Partout, notre société invisibilise les femmes de plus de quarante ans. Dans la publicité pour les cosmétiques, les choses ont évolué grâce aux célébrités. Mais si les égéries quinquagénaires et plus ne font plus figure d'exception – Jane Fonda, Inès de La Fressange et Julianne Moore ont intégré l'écurie L'Oréal Paris dans les années 2010 –, on les a plus vues vanter du soin (souvent anti-âge) que du maquillage.

Pour parler des mérites du blush ou du rouge à lèvres, on préfère toujours les jeunes. Charlotte Rampling fut tout de même égérie pour une gamme de rouges à lèvres NARS en 2015 et Iris Apfel fit sensation en 2012 avec M·A·C : ce sont deux maisons connues pour leurs esthétiques « disruptives ». Récemment, des entreprises plus grand public ont choisi des sexagénaires : la mannequin étasunienne Maye Musk est devenue, à soixante-neuf ans, égérie pour CoverGirl en 2017 ; en 2022, Twiggy, soixante-douze ans, pose pour Charlotte Tilbury. L'initiative la plus cool est celle de la marque SHESPOKE qui a lancé avec la joueuse de tennis et icône queer Billie Jean King, soixante-dix-neuf ans, un rouge à lèvres dont une partie des profits seront reversés à Billie Jean King Initiative, qui lutte contre les discriminations sur le lieu de travail.

Depuis, on peut dire que les mannequins *over sixty* ont la cote. Ou plutôt, un type de mannequin, très standardisé :

une femme aux cheveux blancs et longs, toujours blanche, toujours très mince, à la peau ridée mais pas trop, aux dents parfaites. Hormis sa chevelure, tout rappelle le corps d'une jeune femme. Elle reste une figure inatteignable. Elle n'est pas une manière d'apporter de la diversité au sein de notre imaginaire esthétique, mais une énième illustration que la beauté, plus qu'un état, est un chemin que l'on doit emprunter et au bout duquel se trouve la top-model. Si la femme vieille est plus visible qu'avant, elle reste un idéal. Et les autres femmes, où sont-elles ? Nulle part. « Lorsque je cherche des modèles pour ma marque, on me propose facilement des mannequins qui ont jusqu'à trente-cinq ans ou alors des femmes de soixante ans, me raconte Violette au cours de notre entretien. C'est très compliqué de trouver des mannequins entre quarante et quarante-cinq ans. Du coup, je ne me sens pas du tout accompagnée dans cette période de ma vie. D'ailleurs, même les retoucheurs ont du mal à ajuster le curseur. On retouche très peu les photos chez nous, mais certains ont parfois le réflexe d'ôter des rides, des détails. C'est un point que je dois expliquer et auquel, je crois, nos regards doivent être éduqués. »

Le marché déborde de propositions de produits. En France, selon le portail professionnel CosmeticOBS, deux marques de beauté sont lancées chaque jour. Difficile de savoir combien parmi elles vendent du maquillage, mais les expert·es s'accordent pour dire que le marché est saturé. Si vous voulez avoir la peau veloutée, acheter du glitter bio ou du fard waterproof sans pétrochimie, vous trouverez. Depuis 2020, le secteur de la wellness s'est emparé de la ménopause en sortant chaque semaine un nouveau complément alimentaire ou un sextoy. Mais du maquillage quand on a plus de quarante ans ? C'est plus compliqué.

Pourtant, on a des besoins spécifiques. « Ce qui est intéressant chez Gucci Westman et Charlotte Tilbury, c'est que, quand tu commences à être ridée, les lignes présentent des produits très agréables, un crayon bien épais pour le contour des lèvres, par exemple, ou des enlumineurs et des crèmes waterproof qui tiennent très bien, observe la maquilleuse Carole Colombani. Les poudres floutantes sont aussi très efficaces. Le dernier tabou, c'est peut-être ça : les femmes de cinquante ans qui se maquillent. Quand on vieillit, il faut des produits spécifiques, mais on ne le montre pas. »

L'une des rares marque qui place l'âge au centre de son discours est 19/99, destinée, donc, aux femmes de dix-neuf à quatre-vingt-dix-neuf ans. Sur les réseaux sociaux, elle met en scène des femmes présentant du maquillage coloré : du rouge à lèvres bleu, de l'eyeliner bordeaux, du fard indigo – bref, du maquillage qui se voit.

On a beaucoup écrit dans les magazines féminins que plus on vieillit, moins on doit mettre de fond de teint (pour qu'il ne se voie pas dans les rides), de mascara (pour qu'il ne coule pas), de rouge intense (pour ne pas durcir les traits), de nacre (pour ne pas attirer l'attention sur une peau non lisse). Attention : il faut absolument en mettre, mais il faut que ce soit discret, tiède... chiant. En relisant ces injonctions, je me dis qu'on leur propose surtout moins de fun, et moins de *sexiness*. Elles doivent se contenter de sauver les meubles. La respectabilité, c'est d'être maquillée sérieusement et juste assez. L'expression de soi est quasiment interdite, la séduction n'est pas évoquée.

Il y a une dizaine d'années, un grand groupe avait annoncé de manière informelle aux journalistes qu'il envisageait de créer du maquillage pour le « très grand âge », adapté aux peaux fines et sensibles, mais aussi avec des applicateurs répondant aux besoins liés à la perte de mobilité ou de vision. Cela n'a, à ma connaissance, toujours pas vu le jour.

À l'époque, l'idée m'avait laissée de marbre. « Est-ce qu'on doit encore se maquiller à quatre-vingts ans ? Ne peut-on pas vieillir tranquille ? Qu'on nous lâche la grappe ! » avais-je pensé. Il semble pourtant que ce soit un besoin, auquel le marché pourrait répondre. « Le rouge à lèvres chez les femmes âgées est perçu comme un rituel important pour apparaître féminine et culturellement respectable[2] », écrivaient les chercheuses Laura Hurd Clarke et Andrea Bunton en 2009. Fuck la respectabilité ? Libérons-nous des injonctions à quatre-vingt-dix ans ? Pas vraiment. En milieu hospitalier, ou dans le monde du très grand âge, cesser de se maquiller peut être interprété comme un signe de laisser-aller, de dépression, voire d'envie de mourir.

Pour autant, le maquillage facile à utiliser par toutes et tous, y compris les personnes en situation de handicap, reste rare. Au salon MakeUp in Paris, j'ai vu un mascara que l'on peut ouvrir d'une seule main. Quant à l'applicateur des vernis Olive & June, il est plus ergonomique au

2 Cité *in* Lauren Gurrieri et Jenna M. Drenten, *The Feminist Politics of Choice: Lipstick as a marketplace icon*, étude citée.

niveau de la prise en main que les pinceaux habituels, ce qui facilite sa manipulation. Autre exemple : Molly Burke, une influenceuse aveugle, a cocréé une ligne de baumes à lèvres avec la marque Too Faced. Chaque teinte a un parfum différent pensé pour être en corrélation avec les couleurs. Cela lui permet de choisir facilement celui qu'elle souhaite. Mais c'est à peu près tout.

Dans le monde du travail, plus les femmes vieillissent, plus elles subissent l'injonction à se maquiller. Le sociologue Jean-François Amadieu a mené plusieurs études sur le poids de l'apparence et le milieu du travail[3]. Dans une présentation organisée par le groupe français Lazartigue en 2022, il était invité à ce sujet et il a notamment cité une étude canadienne qui montre que le maquillage a un effet sur l'âge perçu : ce dernier a plus d'impact que votre âge réel. L'étude soumet la photo de deux femmes, l'une maquillée, l'autre non, à un panel de personnes. Celle qui est peu maquillée paraît peu sociable, malheureuse, négligée. Sa seule qualité est l'honnêteté : elle ne triche pas, on peut lui faire confiance. La femme maquillée semble au contraire sympathique, intelligente, épanouie. C'est l'effet de halo. « Ce qui est beau est bien », résume Jean-François Amadieu, en référence à Platon. Et ces jugements prennent une fraction de seconde. Le sociologue montre aussi – en citant plusieurs baromètres et études du monde de l'entreprise – que le premier critère de harcèlement au

3 Ses travaux sont disponibles dans l'ouvrage *Le poids des apparences. Beauté, amour et gloire*, Odile Jacob, 2002.

travail reste l'apparence. Enfin, il démontre qu'en termes d'âge perçu, le maquillage a un effet rajeunissant sur une femme de cinquante ans et vieillissant sur une femme de vingt ans. Il gomme les signes de l'âge à la cinquantaine et efface les traces de l'adolescence sur une jeune femme. Et cet effet est loin d'être anecdotique, car l'accès au monde du travail se réduit au fur et à mesure de la vie. En 2021, dans le cadre d'un test, Jean-François Amadieu a envoyé des CV similaires, où seul l'âge des candidates changeait. Les résultats sont sans appel : les femmes entre 48 et 55 ans ont 54 % de chances en moins d'obtenir une réponse positive par rapport aux 23-30 ans, et 43 % par rapport aux 33-40 ans. Se maquiller quand on a plus de cinquante ans et qu'on est au chômage semble être incontournable.

Se maquiller pour aller bien

Le maquillage peut-il aider à reprendre le contrôle quand tout fout le camp ? Pendant la pandémie, un cartoon du *New Yorker* daté du 8 décembre 2021 a beaucoup été partagé sur les réseaux sociaux. On y voit deux femmes dans une salle de bains en train de discuter de leur routine beauté. L'une dit à l'autre : « Les deux premières étapes sont un nettoyage de peau hydratant. Les étapes 3 à 14 me font croire qu'il me reste un semblant de contrôle sur ma vie dans un monde de plus en plus chaotique. » L'image entrait parfaitement en résonance avec l'époque, à l'heure où les personnes confinées ont commencé à s'intéresser à toutes sortes d'activités intérieures.

Plus sérieusement, des études se sont penchées sur l'utilisation du maquillage dans des situations particulières, en prison par exemple. En France, les détenues ont le droit de se maquiller, en fonction du conditionnement des produits : l'alcool et les aérosols sont interdits[4]. Mais ce n'est pas le cas partout. Ainsi, la journaliste étasunienne Marlen Komar a enquêté dans une prison pour femmes aux États-Unis et montre que la privation de maquillage est une étape de plus dans la déshumanisation des prisonnières. On ôte aux détenues la liberté de se maquiller ou non. C'est un contrôle du corps très violent. Se maquiller en prison, c'est une manière de posséder son corps[5]. Jessica Kent, une make-up artist qui a elle-même fait de la prison, a mis en ligne un tuto « jailhouse makeup », qui explique comment fabriquer du fard en frottant un peu de déodorant sur les parties colorées d'un magazine : le produit s'imprègne de pigments qu'elle applique sur ses paupières – avec tous les risques d'irritation que cela comporte. L'ornement du corps paraît, dans ce cas, primordial.

Même dans des situations nettement moins dramatiques, notre enveloppe charnelle est la seule chose que l'on puisse modifier quand on se sent impuissante. « Prendre soin de son apparence physique, c'est vouloir maîtriser dans une certaine mesure les premières informations qu'on donne aux autres, c'est aussi d'une certaine manière en prendre le contrôle. Cette façon de penser est très répandue parmi les femmes rencontrées aux quatre coins du monde, c'est le pendant de la vision volontariste de la beauté. C'est aussi parfois le moyen de prendre le contrôle d'un aspect de soi

---

4 Voir le guichet du savoir, site de la bibliothèque municipale de Lyon.

5 Marlen Komar, « Why makeup matters to women in prison », *Racked*, 3 janvier 2018.

que l'on peut encore maîtriser quand le reste se dérobe», explique Sophie Combes dans *Le beau sexe*[6].

L'illustration parfaite de ce phénomène dans la pop culture, c'est *Euphoria*, la série qui met le maquillage au centre de l'expression identitaire des personnages. Dans l'épisode 3 de la saison 2, l'un des personnages principaux, Cassie, a couché avec le copain de sa meilleure amie. Elle est pétrifiée d'angoisse à l'idée que celle-ci le découvre. Cette terreur est longuement décrite dans une scène de préparation pour aller au lycée. En voix off, la narratrice raconte: «Elle avait besoin de se vider la tête. Pendant ces trois heures de préparation, elle ne pensait qu'à lui. [...] Mais il y avait aussi quelque chose d'agréable à prendre soin d'elle. Elle aimait le rituel, l'attention au détail. Le stress et l'excitation qu'elle ressentait.» Chaque matin, elle frotte plus fort, elle se rase, elle s'épile les narines, et les gestes se font plus secs, plus durs. Chaque matin, le maquillage est plus outrancier. Jusqu'au moment où elle devient le sosie de son amie. Ce rituel est un lent déraillement vers l'excès: elle a la peau irritée par les soins et devient grotesque. La saison raconte la perte de contrôle de Cassie, qui se délite sans le regard de ce garçon sur elle. Elle s'efface totalement et ces scènes de préparation illustrent sa façon de redéfinir qui elle est. Depuis, l'actrice est devenue égérie de plusieurs marques, dont une ligne de crèmes de soin, qu'elle décrit longuement devant la caméra dans une publicité.

6 Sophie Combes, *Le beau sexe. Femmes dans le monde et apparence physique*, Kawa, 2011.

L'ensemble de ces rituels – se faire un masque devant une série, prendre un bain avec une bougie, appliquer soigneusement son eyeliner préféré – sont désormais regroupés sous le mot-parapluie *selfcare*. Le terme est utilisé à tort et à travers, y compris dans les interviews beauté, où je demande moi-même régulièrement aux interviewé·es quel est leur rituel selfcare. Certain·es lisent des livres, d'autres méditent ou tiennent un journal intime. L'expression est devenue un terme fourre-tout pour désigner le temps que l'on s'accorde à soi-même.

Cela n'a plus grand-chose à voir avec le concept originel inventé par Audre Lorde. Cette écrivaine et poétesse, militante féministe et antiraciste, écrivait dans *A Burst of Light* (« Un éclat de lumière ») en 1988 : « *Caring for myself is not self-indulgence, it is self-preservation, and that is an act of political warfare*[7]. » Dans cet essai qui retrace sa lutte contre le cancer, elle fait face au milieu médical et bataille contre l'université, qui lui refuse un congé maladie. Elle est noire et lesbienne, et doit protéger son corps, que la société néglige, voire méprise. Le selfcare n'est pas une question individuelle, c'est une nécessité communautaire. Pourtant, il est devenu un rituel performatif. Pire, se focaliser sur notre bien-être individuel nous empêche de penser une forme de selfcare commun. En faisant du selfcare un rituel individuel, on revient à l'idée que la vie des femmes reste un chantier permanent, qu'il faut sans cesse améliorer. Et l'enjeu n'est plus seulement la beauté

7 « Prendre soin de moi n'est pas un plaisir égoïste, c'est de l'autopréservation, et c'est un acte de guerre politique. »

de votre visage mais votre bonheur, dont vous êtes seule responsable.

Les habitudes cosmétiques sont-elles alors vraiment une manière de prendre soin de soi ? Pas totalement, si l'on s'attarde sur les mots que l'on emploie pour les décrire. Une enquête datant de 2006, citée par Dominique Paquet dans *Les grands textes de la beauté*, montre que le lexique des produits de beauté fait de larges emprunts au champ de la technologie de la guerre, comme « bouclier », « booster », « extenseur », « extrême », « ressort » ou « force vitale ». Quant aux soins de la peau, l'artiste Annette Messager les appelle « les tortures volontaires »[8].

Se maquiller pour s'aimer

J'interviewe régulièrement des célébrités auxquelles je demande « le meilleur conseil beauté qu'elles aient reçu ». J'attends souvent des réponses du type « ne laissez jamais personne toucher à vos sourcils » (ce serait mon conseil), « buvez un jus de citron tiède à jeun tous les matins » (celui-ci, plus personne n'ose le donner) ou « injectez-vous du Botox au niveau des aisselles pour ne plus transpirer » (ça marche, apparemment). Parfois, on essaye de me donner des adages plus « spirituels », pour ne pas s'abaisser aux choses futiles du corps. Une fille-de ayant eu une vie très compliquée m'avait répondu en ces termes : « Vous ne vous sentirez jamais belle si vous ne vous aimez pas. C'est la base de tout. Sans amour de soi, peu importe ce que vous faites, ce ne sera jamais assez.

8 Dominique Paquet, *Les grands textes de la beauté*, IFM-Regard, 2020.

Mais si vous arrivez à vous aimer, alors, tout ce que vous faites pour votre corps s'additionne à cet amour. » Je n'ai pas conservé ce passage dans l'article car je l'ai trouvé bien trop abstrait, mais la jeune femme était pile dans son époque. Très peu encline à parler eyeliners, mascaras et crèmes hydratantes – dommage pour une égérie –, elle s'en foutait profondément : ce qu'elle voulait, c'était faire brûler du Palo Santo[9] et méditer dans sa villa à West Hollywood, en espérant, un jour, parvenir au graal : l'amour de soi.

Cette idée d'un amour de soi qui guérirait tous nos problèmes est commune aux jeunes générations. Le groupe NPD, dans le rapport « Makeup attitudes and usage report » (2022), mené aux États-Unis, note que 64 % des 13-25 ans se maquillent pour augmenter leur confiance en elles. C'est une proportion plus élevée que l'ensemble, où ce constat est partagé par environ 50 % des femmes qui se maquillent. Il est particulièrement intéressant de relever que moins de 30 % affirment que le maquillage leur apporte de la joie – preuve que ces deux-là ne sont pas corrélés.

Les entreprises ont réussi à lier maquillage et confiance en soi de manière presque subliminale. En 2020, l'armée britannique a fait une campagne enjoignant les femmes à s'enrôler. L'affiche présentait une juxtaposition de parties de visages de jeunes femmes très visiblement maquillées

---

9 Du bois sacré utilisé dans certains rituels chamaniques en Amérique du Sud, récupéré par l'industrie de la wellness occidentale pour purifier un lieu.

(des paupières fardées, des faux cils, du rouge à lèvres...) avec le slogan suivant: « La confiance en soi peut être appliquée tous les matins. Ou elle peut durer toute la vie. » Pour se sentir sûres d'elles, les femmes ont le choix entre porter des faux cils et apprendre à manier une arme. Que peut-on en conclure? Probablement que l'on met en avant la confiance en soi quand on n'a pas grand-chose d'autre à promouvoir. L'industrie du maquillage est un secteur où les innovations sont rares. Une développeuse de produits m'a confié que ses premières années en entreprise, où elle était chargée du lancement de fards à paupières, avaient été une vraie corvée, tant les articles se ressemblaient au fil des saisons (elle a aujourd'hui changé de voie). Attacher des valeurs à ces produits est primordial pour générer l'envie d'achat. Et c'est encore plus vrai aujourd'hui, car les tendances, jadis dictées par les défilés de mode, sont sans doute devenues trop autoritaires pour notre époque et ne guident plus les achats saison après saison. On préfère désormais suivre des modes issues de communautés de particuliers, sur les réseaux sociaux, plutôt qu'adopter celles d'expert·es ou de professionnel·les.

En mars 2021, une vidéo produite par Sista, un collectif contre les inégalités de financement entre entrepreneuses et entrepreneurs, et le fonds de dotation Mirova Forward, a fait du bruit sur les réseaux sociaux. Elle met en scène une journaliste qui pose à de grands dirigeants les mêmes questions que celles que l'on adresse souvent aux femmes influentes: « quelle est votre morning routine? », « comment gérez-vous vie professionnelle et vie de famille? », « que diriez-vous aux jeunes hommes qui n'osent pas se lancer ? ». La vidéo avait pour but de dénoncer le traitement sexiste des médias envers les femmes cheffes d'entreprises. Le résultat est terrifiant, bien sûr. Mais dans cette vidéo, le moment le plus marquant, selon moi, est sans doute celui-ci : « Vous avez un poste dans lequel vous doutez certainement tous les jours. Comment vous gérez le syndrome de l'imposteur ? » demande la journaliste au directeur général de Mirova, Philippe Zaouati. Celui-ci est visiblement surpris et reste muet pendant de longues secondes, cherchant sans doute un truc malin à dire. Il finit par lâcher : « Si je doute ? Mais pourquoi ? Non, je ne doute pas. »

Je ne pense pas qu'une femme, même à ce niveau professionnel, se montre surprise face à de telles questions. Le doute est associé à la condition féminine – les femmes qui ne doutent pas d'elles-mêmes ayant sans doute déconstruit tout un schéma de pensée. C'est parce que les femmes sont sujettes au doute qu'on leur vend de la confiance en soi en tube. Les hommes ont-ils besoin d'un gloss qui les rend plus forts en réunion ?

Évidemment, ce n'est pas ce doute des femmes qu'il faut changer – je ne pense d'ailleurs pas qu'il soit systématiquement synonyme de fragilité, mais c'est un autre sujet. Ce sont plutôt les mécanismes qui créent ce sentiment qu'il faudrait modifier. Dans leur essai *Confidence Culture*[10], Rosalind Gill et Shani Orgad, toutes deux enseignantes en sciences sociales, remarquent que les messages sur la

10 Shani Orgad et Rosalind Gill, *Confidence Culture*, Duke University Press, 2022.

confiance en soi sont destinés de manière disproportionnée aux femmes et s'appliquent à tous les domaines: carrière, apparence, sexualité, famille, éducation... En clair, on continue de dire aux femmes: «Pas besoin de changer le monde, changez-vous vous-mêmes.» Plutôt que de s'attaquer aux problèmes structurels, on propose aux femmes des messages d'introspection. À l'inverse, Rosalind Gill et Shani Orgad proposent d'imaginer la confiance en soi comme un projet collectif plutôt qu'une obligation.

En vendant de la confiance en soi, et ce qui est présenté comme son corollaire, l'amour de soi, on vend toujours la même chose: l'idée magique que si vous travaillez bien sur vous-même, vous vous aimerez, et tout ira bien. Personne ne dit qu'un rouge à lèvres va gommer des années de souffrances et de mal-être, mais le miroir et la salle de bains constituent un cadre propice à mettre en scène cette quête. Glossier, la marque synonyme d'innovation marketing dans les années 2010, affiche encore et toujours «*you look good*», «tu es belle», sur les miroirs de ses boutiques. Mary J. Blige a même fait un album, *Good Morning Gorgeous* (2022), sur cette notion d'acceptation de soi. Elle raconte au *Elle* étasunien: «Quand j'étais mariée, j'étais très déprimée. Je m'auto-complimentais, même si je n'y croyais pas, juste pour me donner du courage. [...] Je faisais ça le matin, car c'est le moment où je ne suis pas coiffée et sans maquillage. C'est le moment où on est vraiment face à soi-même[11].» L'article rapporte qu'elle se

11 Adrienne Raquel, «Mary J. Blige on navigating self-acceptance through beauty», *Elle*, 2022.

réveille encore tous les matins en disant : « Bonjour beauté. Je t'aime. Je suis là pour toi. »

L'amour de soi comme idéal à atteindre, plutôt que la beauté, est une idée qui séduit à peu près tout le monde. Elle est très pratique, car elle permet une adhésion quasi aveugle sans que l'on sache vraiment ce qu'elle veut dire. Et on la sert aux petites filles dès deux ans et demi. C'est l'amour d'elle-même que chante Elsa dans *La Reine des neiges* : « Libérée, délivrée, je ne mentirai plus jamais. [...] Mon âme s'exprime en dessinant et sculptant dans la glace. [...] Libérée, délivrée, plus de princesse parfaite. » Et dans *Encanto*, un dessin animé plus récent qui s'adresse aussi aux petits enfants, le même thème est martelé. La sœur de l'héroïne s'égosille : « Si j'avais su, j'aurais vécu sans vouloir être si parfaite. Il se trouve qu'aujourd'hui, je sais qui je suis. [...] Que faire de plus quand tu comprends que rien ni personne n'est parfait ? Et j'en suis délivrée. » Ces chansons interviennent à l'apogée des deux films : une fois que l'héroïne a fait la paix avec qui elle est, une fois qu'elle s'aime, ses problèmes s'en vont peu à peu. La connaissance de soi est au cœur de la philosophie de tout ce que l'on répète aux enfants, particulièrement aux petites filles. Le fondateur d'All Tigers m'a raconté lors d'un entretien qu'il a créé sa marque de maquillage quand sa fille de onze ans cherchait du rouge à lèvres *safe* pour la boum de sa colo. « Elle ne recherchait pas du tout un message de séduction, c'était plutôt pour booster sa confiance en elle. »

Le projet de l'amour de soi se marie très bien avec le new age version 2022, dérivé du secteur du développement personnel, qui a explosé en France. Selon cette philosophie, le monde est composé d'énergies, sur lesquelles on peut influer si on fait un effort. En caricaturant, « le positif attire le positif » : tout est en nous pour faire ce que la vie nous demande de faire et, avec de la volonté, on peut arriver à tout. On est maître·sse de ce que l'on ressent. La traduction capitaliste, c'est : « Donnez le bon rouge à lèvres à une femme, et elle pourra conquérir le monde. » À côté, la garde d'enfants gratuite et accessible à tous·tes, l'accompagnement post-partum et le partage des tâches ménagères semblent être des sujets bien légers.

Exiger des femmes qu'elles se sentent belles et bien dans leur corps sans prendre en compte leur vie, c'est l'exemple parfait de la positivité toxique. « Le jour où tu t'aimeras, tout ira mieux dans ta vie » ressemble beaucoup à feu « le jour où tu perdras trois kilos, tout ira mieux dans ta vie ». Or l'amour de soi n'est pas figé, il évolue. Beaucoup d'expert·es ont répété que « le corps bon, c'est celui qu'on oublie[12] », que la meilleure des postures, c'est sans doute la neutralité : on se sent bien quand on ne pense pas à son corps.

Alors, la confiance en soi est-elle la clé du bonheur ? On peut se permettre d'en douter. L'amour de soi a remplacé l'amour d'un autre, mais c'est encore un idéal à atteindre. Et il faut qu'il reste absolument inatteignable. Que vendrait-on sinon ?

12 Julien Magalhães et Tahnee, podcast *Les Beaux Restes*, épisode « Ça coûte combien la beauté ? », 30 juin 2022.

Se maquiller pour être une meilleure personne

« *Be yourself and more at H&M* », clame le slogan sur une photo d'une femme qui s'applique un eyeliner vert sapin. Dans une culture où l'amour de soi est présenté comme l'accès au bonheur, le culte de l'identité est roi. Le maquillage est présenté par l'industrie comme l'un des moyens d'imposer son identité. Crée ton entreprise, crée ton job, crée ton personnage. La face pile du maquillage, ce serait de ne pas se conformer aux modes ni aux tendances, mais d'être une certaine version de soi-même. Mais personne ne sait bien ce que cela signifie. Être soi, est-ce ne ressembler à personne d'autre ? Ressembler à la vision de soi sans maquillage que l'on observe dans le miroir ? Ou au soi que nous renvoie la caméra sur Zoom ? Ou bien le soi du selfie déjà modifié des iPhone 13 ? En quoi serais-je moins moi-même avec du rose à lèvres si j'ai choisi d'en mettre ? Est-ce que porter un rose mat fait de moi quelqu'un de moins sérieux qu'un rouge satiné ? Un fond de teint transparent, quelqu'un de plus raffiné qu'une femme portant une BB crème épaisse ? Un mascara qui allonge les cils me rend-il plus fréquentable que des faux cils ?

L'idée que le maquillage m'aide à être moi-même est une grande illusion. Il m'aide à rentrer dans des représentations sociales, qui bougent au fil du temps. Le trait d'eyeliner à la Bardot de ma vingtaine m'a paru ridicule dans la première partie de ma trentaine. Mais quand je le vois sur la réalisatrice Olivia Wilde, je me dis qu'il serait peut-être temps de m'y remettre. Ce n'est pas une question de tendance : l'eyeliner n'est jamais vraiment passé de mode. C'est simplement que le moi de mes trente ans n'était plus le moi de la vingtaine. Entre-temps, j'ai décidé que Charlotte Rampling n'avait pas besoin d'eyeliner, donc moi non plus. Mes yeux n'avaient pas besoin d'être agrandis. Bref, mon moi a changé.

Quel moi faut-il présenter au monde ? La meilleure version, il n'y a pas d'alternative, semble nous crier la pop culture. Amanda Gorman, poétesse invitée à l'investiture de Joe Biden en janvier 2021, déclarait quelques mois plus tard dans *Allure* : « Quand j'ai commencé à utiliser du maquillage, cela a tout de suite été lié à ma personnalité : comment cela me représente ? Je m'intéressais également à l'aspect créatif et à l'expertise artistique. Je n'avais pas envie de gommer ou cacher qui j'étais, mais plutôt de l'observer et de le sublimer[13]. » Le jour de l'investiture, son maquillage n'est pas extrêmement visible, elle porte un eyeliner, du fard doré au coin interne des yeux, du gloss qui semble transparent et quelque chose sur la peau qui la rend particulièrement lumineuse. La « meilleure version » de soi-même est-elle simplement la plus belle ? Le maquillage reprendrait alors son rôle embellissant, avec un autre nom. Amanda Gorman est depuis devenue égérie pour Estée Lauder. En mars 2022, la chaîne YouTube de la marque met en ligne une vidéo intitulée « Amanda Gorman Wears Confidence | Double Wear » dans laquelle la poétesse dit : « *Confidence inspires change. Wear Confidence.* » Il s'agit bien sûr d'une publicité, qui met en scène Double Wear, un fond de teint très populaire d'Estée Lauder. Ce discours

13 Jessica Cruel, « How Amanda Gorman uses makeup as poetry », *Allure*, 2022.

sur la consolidation de l'identité, et sans doute sur le fait qu'elle va nous permettre de changer (qui ? quoi ?) par le make-up, est tenu par toute l'industrie.

Sharareh Siadat, la fondatrice de la jeune marque TooD Beauty, raconte que c'est son monosourcil qui lui a donné envie de créer une marque donnant des outils pour embrasser son identité sans l'effacer. Dans ce contexte, pas étonnant que le maquillage sur mesure soit devenu si populaire. On a désormais quitté la correction factuelle (antirides ou anticernes) pour une beauté égocentrée. Plusieurs entreprises s'y sont attelées. Le Teint particulier de Lancôme est un fond de teint créé sur mesure. Le produit se double d'une expérience en magasin où l'on photographie votre peau, qu'un algorithme analyse pour déterminer votre teinte, puis la créer à partir des 72 000 nuances potentielles. La même chose, ou presque, est possible à domicile : La Manufacture propose d'utiliser une appli qui analyse la peau pour obtenir la teinte parfaite. La boutique Bâton Rouge, à Paris, permet de créer son propre rouge. Yves Saint Laurent a même inventé un appareil qui crée des teintes à la demande : on achète la machine (350 euros) puis des cartouches de pigments que l'objet mélange à la demande. Elle est accompagnée d'une appli, sur laquelle on peut essayer les couleurs virtuellement, et demander des conseils si on veut les assortir à quelque chose. La technologie est développée par une start-up judicieusement nommée Perso.

***

On a changé de destinataire : on doit s'auto-séduire sans cesse. On doit être soi, être authentique, avec ou sans fard, et se réinventer chaque jour. Qui suis-je aujourd'hui ? La teinte corail orgasmique 317 ? Le blush Bad Girl 999 ? Je ne sais pas. Ce que je sais, c'est qu'un objet, aussi perfectionné soit-il, ne permet pas, seul, la réinvention de soi, ni d'atteindre mon moi authentique, ni même la meilleure version de moi-même. Mais le maquillage est central dans la vie des femmes et semble être un outil pour rester un individu utile à la société capitaliste : un individu qui produit, qui consomme, qui « va bien ». Dans une société où de nombreuses voix s'élèvent pour repenser les modalités de production, où l'effondrement guette, le maquillage est un moyen de faire perdurer le système. À condition d'adhérer à ses normes.

3. L'IMPORTANT, C'EST LA DOSE

« Quand je ne suis pas en tournage ou en shooting,
je ne mets rien sur ma peau, pour la laisser respirer. »
100 % des actrices/mannequins/chanteuses interviewées dans ma carrière

En juin 2019, j'ai rencontré la maquilleuse britannique Charlotte Tilbury lors du lancement de sa marque en France. En plus d'être maquilleuse, elle est rédactrice beauté pour *British Vogue*, ambassadrice mondiale de Women for Women International, et a reçu l'ordre de l'Empire britannique (MBE) des mains d'Elizabeth II en 2018. Cela fait trente-cinq ans qu'elle maquille toutes les personnalités qui comptent. Elle a fait tous les défilés et tous les *red carpets* de la planète. Avant de lancer sa gamme, elle a participé au développement d'une multitude de produits. Elle a créé un personnage excentrique – elle aime répéter que son mari ne l'a jamais vue sans make-up après plusieurs décennies de vie commune. Elle est immédiatement reconnaissable grâce à ses chaussures à plateforme, sa crinière rousse et son regard charbonneux. Sa marque, créée en 2013, est un succès absolu car les produits sont efficaces, tiennent très longtemps et vendent quelque chose de facile et passe-partout : le glamour anglais sous stéroïdes. Un teint travaillé, un œil noir, beaucoup de mascara, du contouring et des lèvres brillantes. En 2020, le groupe catalan Puig, qui travaille avec Carolina Herrera, Nina Ricci, Paco Rabanne et est l'actionnaire majoritaire de Jean Paul Gaultier, est devenu celui de la marque pour un montant qui oscille selon les sources entre 600 millions et un milliard de dollars[1].

Lors de la présentation de sa gamme au Ritz le 19 juin 2019, elle m'a parlé de ses produits, puis elle a proposé de me maquiller. Et comme on ne dit pas non à Charlotte Tilbury – raison 1 : elle a maquillé Kate Moss ; raison 2 : on sent que si on refuse, ça ne va pas bien se passer –, je m'y suis pliée. Elle m'a promis de ne pas mettre grand-chose, trois fois rien, mais elle voulait me montrer sa gamme : le trois fois rien s'est transformé en une base de teint, de l'anticernes, du fond de teint, du blush, de la poudre libre, du crayon à lèvres et du rouge. Un look naturel, selon elle. C'était objectivement réussi, mais c'était une version « trop » de moi-même. J'avais l'impression que j'allais poser pour des photos de mariage juste après, alors que ma vie était bien plus banale : je devais courir à une réunion de l'école maternelle de ma fille. À cause de toutes ces couches, je suis arrivée cinq minutes avant la fin du speech de la directrice, juste à temps pour m'excuser et poser trois questions idiotes. Je crois avoir discerné dans ses yeux une légère surprise : « Qui est cette femme mal organisée et trop maquillée ? » En réalité, elle n'a probablement rien remarqué, et mon impression reflète surtout le jugement que je portais sur moi-même.

1 La transaction aurait été de 891,2 millions de dollars, d'après Triana Alonso du média FashionNetwork.com.

Trois ans plus tard, pour la réunion de classe des CP, je portais mon uniforme banal et plus discret, du mascara et du fard nacré, pour « éveiller le regard », encore et toujours, mais une autre mère d'élève affichait des traînées de larges paillettes au coin des yeux, comme une poussière étoilée. C'était joli et je l'ai un peu enviée.

Cette histoire de dose est une affaire intime et personnelle, un jugement qui ne répond pas seulement à des pressions extérieures. Mais elle est aussi sociale et dépend de ce que les autres vous permettent. Une étude anglo-américaine[2] menée auprès de 1 000 personnes a permis d'analyser ce processus à partir de photos de femmes portant un « maquillage prononcé ». Les participant·es ont jugé que celles qui portaient ce make-up étaient dotées de « moins d'humanité, moins d'autorité, moins d'expérience, moins de chaleur et moins de moralité » que celles qui n'en portaient pas. Les auteur·rices en ont déduit que le maquillage prononcé est « un marqueur de sexualisation subtil, mais qu'il influe donc sur la déshumanisation de la personne que l'on observe ». Les études de ce genre sont toujours à prendre avec des pincettes, car certaines sont contradictoires, et je ne sais pas ce que signifie ici « maquillage prononcé ». Mais celle-ci illustre une fois de plus la mince frontière entre « appliquez quelque chose » et « mais surtout pas trop ».

---

2 Philippe Bernard, Joanne Content, Lara Servais, Robin Wollast et Sarah J. Gervais, « An initial test of the cosmetics dehumanization hypothesis: Heavy makeup diminishes attributions of humanness-related traits to women », *Sex Roles*, n° 83, 2020.

La Parisienne est-elle bien morte ?

En France, notre rapport au « juste assez » est conditionné par la figure de la Parisienne.

Je fais partie de la génération de journalistes qui a beaucoup écrit sur l'esthétique de la Française, car elle a été célébrée par les médias depuis le milieu des années 2000, jusqu'au milieu des années 2010. Une décennie complète pendant laquelle cette image a dominé la pop culture occidentale. Je la connais bien, car la Parisienne, ou la French Girl, deux mots qui furent utilisés comme synonymes alors qu'ils ne le sont pas, c'est un peu moi. Lorsque je travaillais dans une rédaction parisienne, Thomas, le stagiaire de la rubrique beauté, m'avait dit un matin : « C'est bizarre, enfin, pas bizarre, mais étrange, tu travailles dans la beauté, mais tu ne portes pas de maquillage. » J'avais réussi mon pari. J'étais la French Girl par excellence : je portais un produit pour le teint que j'avais choisi pour sa facilité à se fondre sur la peau, du crayon à sourcil pour densifier les parties qui en avaient besoin, du mascara uniquement sur les cils du haut, comme l'avait conseillé Inès de La Fressange dans un *Elle* de mon adolescence, probablement aussi de l'anticernes, et la poudre matifiante du moment, au summum de l'esthétique du make-up imperceptible, Les Beiges de Chanel. Cinq produits soigneusement choisis parmi des centaines parce qu'ils ne se voyaient pas.

La seule plus-value de la Française, c'est qu'elle est belle (version médias) ou, disons, présentable (dans la vraie vie), mais qu'elle n'a pas fait grand-chose. Elle est supérieure à ces idiotes qui prennent le temps de se maquiller, de se coiffer et qui ont l'air d'en avoir trop fait. La Parisienne, elle, est parfaite presque sans le vouloir. Elle a le teint uniforme mais jamais trop travaillé et préfère avoir l'air décoiffée que brushée, être élégante que sexy. Elle sait mieux que les autres ce qui lui permet de moins travailler à sa beauté. C'est dans ses gènes, ou bien sa mère le lui a appris, ce qui revient peut-être au même. Une supériorité naturelle, innée, qu'il faudrait donc copier dans le monde entier.

Aux États-Unis, la presse a beaucoup repris le concept, décrivant en long, en large et en travers les codes de la beauté française, utilisant la formule consacrée : la Française a un « je-ne-sais-quoi » qui la rend *insérez l'adjectif que vous voulez*. L'expression désigne le mystère, cette grâce incompréhensible. Ce je-ne-sais-quoi n'est pas une invention récente. On le trouve déjà, à la fin du XVIIe siècle, dans un portrait de Louis XIV : « La couleur de son teint un peu rembrunie marque je ne sçai quoy de mâle et d'un héros accoutumé aux injures de l'air et des saisons, que le Soleil, la poussière et la pluie n'altèrent jamais. » La phrase est citée par l'historien Stanis Perez qui commente : « Le souverain semble à lui seul résumer l'idéal masculin de son temps. [...] Il va de soi que le roi jouit d'une supériorité physique. Louis XIV est forcément beau, plus beau que ses courtisans. Et d'une beauté fantasmatique qui tutoie le mythe de la jeunesse éternelle[3]. » Le je-ne-sais-quoi est un ingrédient magique, signe de supériorité. Il faut le copier, mais de manière secrète. L'idée que la plus haute forme de beauté serait le naturel est plus forte que jamais. « L'art doit imiter

3 Stanis Perez, « Beauté solaire », in *100 000 ans de beauté, op. cit.*

le hasard », rappelait Ovide dans *L'Art d'aimer*, avant de prodiguer un tuto coiffure à ces dames. « Un visage allongé demande des cheveux simplement séparés sur le front. [...] Un nœud léger sur le sommet de la tête, et qui laisse les oreilles découvertes, sied mieux aux figures arrondies. »

Le naturel est utilisé comme différenciant social dès la fin du XVIIe siècle. Melissa Lee Hyde, dans « L'amour du simulacre », écrit ainsi :

> Le goût de la beauté naturelle progresse. Comme l'attestent les représentations des grandes beautés de l'époque (par exemple, Madame Dubarry), les femmes aspirent à un teint d'une blancheur éblouissante et à des joues « comme des roses trempées dans du lait ». Cet idéal les incite à se maquiller plus légèrement, à imiter le naturel. Dans les années 1780, Élisabeth Vigée-Lebrun, brillante portraitiste, est passée maître dans l'art de mêler idéal et naturel[4].

Cette idéalisation du naturel n'a pas beaucoup changé. Dans les années 2010, les représentations de cette vision fantasmée de la Parisienne se comptent sur les doigts d'une main : Lou Doillon, Jeanne Damas, Camille Charrière, Nine d'Urso, Suzanne Lindon, successeures de Jane Birkin, Anna Karina ou Charlotte Rampling. Il n'est pas rare que la Parisienne soit née ailleurs. Elle a souvent des origines bourgeoises ou en a adopté les codes : on l'imagine aisément dans un appartement haussmannien, avec une référence à Jean-Luc Godard quelque part, et des livres de la collection « Blanche » de Gallimard qui traînent. Autant de signes témoignant du bon goût, de l'éducation, bref, de la posture sociale dominante.

---

4 Melissa Lee Hyde, « L'amour du simulacre », in *ibid.*

Bien sûr, la Parisienne est toujours blanche. Le stéréotype a largement été étudié et critiqué par la journaliste Alice Pfeiffer, qui analyse dans *Je ne suis pas parisienne* comment il est utilisé par la mode pour discriminer de façon classiste et raciste. C'est ce qui explique le déclin de cette icône. Elle est aujourd'hui remplacée par l'esthétique de la *clean girl* étasunienne et bourgeoise, tout aussi classiste et raciste.

Comment fait-on pour vendre une peau naturelle ? On parle de voile sur la peau, de maquillage qui ne travestit pas, d'embellissement subtil... On ne modifie pas les contours du visage. Mais vendre du vent, c'est difficile, alors on brouille la frontière entre le maquillage et le soin. L'acide hyaluronique, la molécule reine des hydratants, facile à produire, facile à intégrer aux formules, très connue des consommatrices, est partout. Dans les années 2010, les maquilleur·euses conseillent aussi aux femmes de se contenter d'un correcteur, pour ne pas trop couvrir la peau. Les textures deviennent extrêmement liquides et on oublie totalement les mots qui évoquent la lourdeur, comme « fond de teint ». Les grands produits de la catégorie évoquent tout sauf du maquillage. Armani lance Maestro, présenté à la presse comme le « jean du teint » – encore un incontournable de l'uniforme de la Parisienne. L'Encre arrive chez Yves Saint Laurent, et même L'Eau chez L'Oréal. Dior lance L'Air. On ne parle plus de fond, mais de légèreté.

La Parisienne fantasmée par les médias a donc le teint naturel, mais aussi des sourcils particuliers. C'est encore une femme issue de l'aristocratie (britannique), Cara Delevingne, qui incarne le sourcil parfait. Née en 1992, elle commence sa carrière de mannequin très jeune, en 2009, et ses sourcils, sombres et bien fournis, font alors couler beaucoup d'encre. Nous, journalistes, avons écrit des kilomètres à leur sujet. À l'époque, la top Natalia Vodianova, alors égérie Guerlain, répète aussi à l'envi qu'elle ne laisse personne toucher les siens. Les deux femmes ne sont pas françaises, mais elles représentent parfaitement le modèle à atteindre. Elles correspondent aux canons de l'époque : jeunes, blanches, très minces, avec un visage enfantin. Et des sourcils non épilés, seul signe de ce qu'on interprétait alors comme le masculin-féminin. On conseille de les laisser présents, mais quand même de les soigner, les brosser, voire les laquer, les dompter, bref, les lisser pour être respectable. Une définition de la féminité bien cadrée.

Aujourd'hui, la définition du sourcil parfait s'est élargie, l'industrie a développé tout un tas de produits pour le sublimer, et les bars à sourcils ont fleuri dans les métropoles. La quête du sourcil fourni est toujours d'actualité, mais ce sont des interventions plus durables que l'on propose, comme le tatouage du sourcil. Pourtant le jugement social reste le même : on méprise les femmes qui montrent trop qu'elles ont travaillé à leur apparence. Il y a plusieurs années, une instagrammeuse confidentielle, ayant depuis quitté les réseaux, se plaignait ainsi que la racine de son sourcil dessinée en forme carrée lui attirait des critiques.

Pour la Parisienne, la bouche rouge reste le seul artifice autorisé tant qu'elle est rouge franc, mat – ce qui brille serait trop sexy, donc vulgaire. Cela arrange bien l'industrie, qui vend le romantisme à la Française à tour de bras. (Et ce n'est pas rien. Une étude estime que les ventes de rouge à lèvres pèseront 13,4 milliards de dollars en 2024 dans le monde[5].) L'image du rouge romantique reste attachée à la capitale française dans les yeux de nombreux·ses touristes, me confiait Emmanuel Guichard, le délégué général de la FEBEA. D'ailleurs, les grands groupes de luxe français ont volé au secours de Notre-Dame de Paris après son incendie, car elle représente exactement ce qu'ils vendent : un Paris fantasmé, où l'on vient acheter de l'amour – sous forme de rouges à lèvres et de sacs à main détaxés.

Pourquoi la supercherie du naturel français a-t-elle si bien marché ? Parce qu'elle paraît exotique, donc attirante pour d'autres pays, en particulier pour les États-Unis. Sophie Combes, dans *Le beau sexe*, la résume ainsi :

> La vision française du maquillage est une sorte d'hypocrisie. Le maquillage le plus réussi sera le plus hypocrite. Aux États-Unis, en revanche, le travail, donc le travail sur soi, est aussi fortement valorisé que ces manifestations peuvent être extérieures : le maquillage peut se faire plus apparent. Lorsque l'on regarde l'étymologie du mot make up, on en revient encore une fois à la vision américaine de la beauté. Make up signifie révéler. Le maquillage permet de révéler le meilleur de soi. Il ne s'agit plus de discrétion, ni de naturel mais de faire apparaître ses qualités de se montrer sous son meilleur jour.

5 « Lipstick market is expected to reach $13,4 billion by 2024 », rapport de Prescient & Strategic Intelligence, mars 2019.

C'est sans doute pour cela que l'entreprise qui a réussi à moderniser le mythe est étasunienne. Il s'agit de Glossier, dont l'histoire est le parfait conte de fées des années 2010. Si tous les objets de notre quotidien sont aujourd'hui déclinés en ton tarama, c'est à cause de Glossier. La marque a largement popularisé le Millenial Pink. L'entreprise a été créée par Emily Weiss, une jeune femme à la tête du site Into the Gloss, devenu très vite incontournable : ayant participé à *The Hills: New Beginnings*[6], ancienne collaboratrice de *Vogue*, elle publie notamment les photos des salles de bains de stars : mannequins, actrices, etc. En 2014, une fois le succès établi, elle monte Glossier (elle précise que le mot rime avec « dossier », à prononcer à la française donc). Elle commence par lancer un simple baume à lèvres mais la dose de cool qui l'entoure est tellement forte que tout le monde se l'arrache. Ce qui fait son succès, c'est son parti pris esthétique qui rappelle furieusement les principes de la beauté à la française : des produits de soin simples à utiliser et des visuels qui montrent une peau parfaite mais vivante, en gros plan. Avec du make-up fait pour rester imperceptible : le *boy brow*, un outil (de plus) pour avoir des sourcils masculins sur un visage féminin, connaît un succès fulgurant. Glossier modernise le cliché de la Parisienne en incluant des mannequins non blanches et plus-size dans ses campagnes.

Mais l'esthétique de Glossier a fait son temps. La maison qui fascinait toutes les entrepreneuses du monde et

6 Une émission de téléréalité sur la vie personnelle et professionnelle d'habitant·es de Los Angeles produite par MTV.

dont la stratégie de communication a été étudiée partout a aujourd'hui du plomb dans l'aile. Des cas de discrimination raciale ont été révélés, et la maison a licencié un tiers de ses effectifs. Au-delà d'erreurs (comme le flop, en 2019, de Glossier Play, une ligne parallèle avec du maquillage festif et voyant), cela tient peut-être au fait que son esthétique séduit moins qu'il y a bientôt dix ans. La Française, même à la sauce étasunienne, est devenue ennuyeuse. Une internaute le résume en commentaire: « Ce sont des produits bien trop chers pour quelque chose qui ne se voit pas. »

Cela ne signifie pas que le stéréotype a tout à fait disparu. Inoxydable, la Française a juste évolué. « Quand j'ai emménagé à New York, il y a sept ans, raconte Violette pendant notre entretien, je suis soudainement devenue la porte-parole de la Française, alors que ça ne m'a jamais tellement intéressée. Cette fascination perdure car la culture du maquillage demeure totalement différente aux États-Unis. Le style centré sur l'équilibre entre le côté très naturel et l'aspect très travaillé continue de représenter la France. C'est toujours sur le teint que cela se joue: quand je rentre en France, j'observe une vraie différence. Les Françaises osent plus de choses qu'il y a quelques années, on voit que le maquillage est devenu plus ludique et un moyen d'affirmer un look, mais on observe toujours moins de faux cils ou de contouring qu'aux États-Unis. » La Parisienne qui existe un peu dans la vie continue en revanche à prospérer dans la pop culture. « Elle a muté. Aujourd'hui, je crois que sa représentante, c'est *Emily in*

Paris[7], soit une Américaine qui vit à Paris, analyse Carole Colombani pendant notre conversation. J'ai l'impression qu'elle ne fait plus rêver en France, car on a pris conscience que ses grandes icônes ont été simplement des fantasmes créés par des hommes. La Nouvelle Vague était une vraie dictature pour les femmes, tout était centré sur leur physique ! Lorsque vous regardez les photos des années 1960, qui sont une grande source d'inspiration de cette esthétique, on voit bien que rien n'est naturel. Le fait que ce fantasme soit en train de s'éteindre me paraît être une bonne chose. »

De fait, on se maquille sans doute encore moins à Paris qu'ailleurs : une amie russe qui vit à Paris me confiait que lorsqu'elle rentrait à Moscou ses copines lui faisaient une « remise à niveau » stylistique avant de sortir. Il lui fallait plus de maquillage, des talons plus hauts, des jupes plus courtes...

À partir de 2017, la Française commence à gonfler tout le monde. On la voit moins dans les magazines, au profit d'un maquillage plus ludique. Notre obsession nationale pour la beauté « naturelle mais pas vraiment » demeure, mais elle s'est déplacée. Les chirurgiens et médecins esthétiques français aiment faire l'éloge de leur *French touch*. L'expression sous-entend qu'ils seraient plus attentifs que les autres à conserver une harmonie dans le visage. Ils aiment raconter qu'ils proposent des méthodes subtiles

7 Diffusée sur Netflix, la série met en scène une actrice aux sourcils épais, visage très fin et rouge à lèvres rouge sang. C'est un succès, et Lancôme a lancé une palette en partenariat avec le show.

aux femmes. Un exemple ? Si l'une d'entre elles souhaite un lifting, on lui propose parfois des interventions alternatives pour obtenir un résultat naturel, harmonieux, imperceptible. C'est aussi cet aspect « efficace mais invisible » qui est loué dans les « avant/après » des magazines et, dans une certaine mesure, sur les réseaux sociaux. Pour être réussi, le changement doit se voir, mais il ne doit pas être identifiable : les femmes racontent souvent que leurs collègues trouvent qu'elles ont bonne mine, qu'elles ont l'air d'être reposées ou de rentrer de vacances après une intervention. Si une personnalité publique apparaît avec une intervention flagrante, comme Rachida Dati, elle est immédiatement moquée, sujette aux critiques et accusée de futilité, de vulgarité, bref, d'être une femme sans substance.

Le naturel français reste une esthétique fondatrice de notre rapport à notre visage, mais il ne concerne plus le maquillage. D'ailleurs, sur Instagram, le filtre qui embellit la peau et lisse les défauts s'appelle… Paris.

En politique, la dose fait la respectabilité

« Les élections ne sont pas un concours de beauté » est l'expression employée lorsqu'on reproche aux débats un manque de sérieux et de fond, au profit de sujets superficiels. Je n'ai pas retrouvé de trace de sa première occurrence, mais elle revient régulièrement dans la bouche de la classe dirigeante.

Et effectivement, la beauté en politique est un sujet tabou. Pendant la campagne présidentielle française de 2022, Yannick Jadot prenait toujours un air de chien battu quand on lui parlait de sa cravate. Pour les femmes, le terrain est encore plus miné : si elles s'aventurent sur des sujets « féminins » comme la mode ou le maquillage, elles donnent des armes à leurs opposants. On ne veut surtout pas évoquer la frivolité, le manque de sérieux. En revanche, le fait d'être maquillée et coiffée est une obligation. Un travail silencieux, en somme. La journaliste Françoise-Marie Santucci écrivait en 2007 dans les pages de *Libération* : « Pour une femme de pouvoir, la marge de manœuvre est très mince : séduire les électeurs sans être dans la séduction, faire sérieux sans effrayer une partie des hommes, qui, même s'ils trouvent qu'une femme trop sexy ça craint, seraient encore moins sensibles à une moche, et vieille[8]. »

Il existe toujours une tension entre le trop et le pas assez. Le maquillage est un uniforme, comme le tailleur d'Hillary Clinton, les robes arc-en-ciel d'Elizabeth II, les vestes rouges de Ségolène Royal ou Valérie Pécresse. Même Roselyne Bachelot, malgré ses tenues parfois fluo, reste conventionnelle lorsqu'il s'agit de maquillage.

On comprend qu'elles évitent soigneusement le sujet. Édith Cresson, seule femme Première ministre en France avant Élisabeth Borne, se souvient dans une interview du moment où elle a accédé à son poste : « J'eus droit à des séries de pourquoi. Pourquoi porte-t-elle ce bracelet, ces boucles d'oreilles ? C'est hallucinant, on ne s'occupe que des aspects extérieurs. Une femme, c'est un

8 Françoise-Marie Santucci, « Des uniformes pour cacher les formes », *Libération*, 10 avril 2007.

objet. Son apparence physique, ses tenues, sa coiffure, voilà ce qui compte. Le reste, ce qu'elle fait, la volonté qu'elle a, ses idées, c'est secondaire. » Martin Peltier, dans *Le Quotidien de Paris* du 21 mai 1991, la décrit ainsi : « Après les volutes intriquées du parler vrai, voici avec Édith Cresson le parler droit, le parler de la ménagère. L'œil un peu lourd, le maquillage express, les manches toujours retroussées, la bouche grande ouverte, une grande fille toute simple. » L'expression suggère-t-elle qu'elle ne se maquille pas assez, ou mal ? On ne le saura pas, mais visiblement, la dose ne sied pas à la fonction, dans l'œil du commentateur[9].

Vingt-cinq ans plus tard, Hillary Clinton raconte dans ses mémoires : « Je ne me suis jamais habituée au fait qu'être une femme dans la sphère publique demande autant d'efforts. J'ai calculé combien de temps j'ai passé à me faire coiffer et maquiller durant la campagne. Le total est monté à 600 heures, soit 25 jours. Cela m'a tellement choquée que j'ai dû recompter. Je n'envie pas souvent mes collègues masculins, mais le fait qu'ils puissent prendre une douche, se raser, enfiler un costume et être prêts me rend très envieuse. Les rares fois où je suis sortie en public sans maquillage, cela a été commenté dans les médias. Je rêve d'un futur où les femmes publiques pourront se passer de maquillage si elles le souhaitent, et que personne ne le remarque[10]. » En attendant, le maquillage reste un

9 Delphine Dulong, « Rôle de genre et drôle de genre. Édith Cresson Premier ministre ou le mauvais genre en politique », *Les identités de genre en politique*, 2011.

10 Hillary Clinton, *What happened*, Simon & Schuster, 2017 (je traduis).

rituel obligatoire auquel les femmes doivent se plier pour pouvoir être entendues dans la sphère publique.

Celles qui se servent du maquillage pour construire un personnage sont rares. La très conservatrice Sarah Palin, première femme gouverneure de l'Alaska, avait dit en 2015: «Savez-vous quelle est la différence entre un pitbull et une hockey-mom[11]? Le rouge à lèvres.» La formule avait fait le tour du monde. Évidemment, elle ne parle pas vraiment de maquillage, elle dit simplement qu'elle est agressive comme un pitbull, mais qu'elle veut ressembler à une femme (donc une mère), désirable, féminine (donc maquillée). Une manière simple d'affirmer sa vision des genres binaire et traditionaliste. Sauf cette exception, moins une femme politique parle de maquillage, mieux elle se porte.

Mais peut-être tout cela est-il en train de changer. La journaliste Joanna Weiss publie sur *Politico* un article intitulé: «L'Amérique est-elle prête à parler franchement des soins du visage?[12]» Le sujet de l'article est l'arrivée dans le débat public des «coulisses» de la beauté. La candidate déçue du parti démocrate Elizabeth Warren parle de sa crème hydratante, une sénatrice évoque sa perte de poids, une autre sa vie avec son alopécie. La journaliste résume la situation: les femmes d'aujourd'hui s'intéressent à la

---

11 Cette expression désigne les mères qui accompagnent leurs enfants lors des activités extrascolaires de ces derniers et sont perçues comme de «bonnes» mères.

12 Joanna Weiss, «Is America ready for a frank discussion about skincare?», *Politico*, 2 septembre 2020.

politique et au mascara, les deux ne sont pas exclusifs. Les difficultés des femmes politiques sont celles de toutes les femmes. Elles peuvent en tirer profit et en parler, plutôt que de chercher à tout prix à noyer le poisson.

Le vrai tournant, c'est celui qu'a pris Alexandria Ocasio-Cortez, représentante du district new-yorkais à la Chambre des représentants depuis le 3 janvier 2019. En août 2020, *Vogue* met en ligne une vidéo dans laquelle l'élue explique toute sa routine beauté[13]. Elle justifie le tournage de ce clip par le fait que de nombreuses femmes lui posent des questions sur le sujet. Comme celles qui se plient au jeu pour le magazine, d'habitude des actrices et mannequins, elle est filmée en face de son miroir, dans une salle de bains. La mise en scène sied bien à AOC, dont le slogan est le suivant: «*I don't want to be a savior, I want to be a mirror.*» («Je ne veux pas être une héroïne, je veux être un miroir.»)

Pendant toute la vidéo, elle dessine un autoportrait bien calibré, celui d'une femme qui travaille sans relâche pour les autres et qui porte un maquillage avant tout utilitaire: «J'ai des cernes sous les yeux, commence-t-elle, car je n'ai pas beaucoup dormi. Bienvenue en politique, on se couche tard pour que les gens aient accès à un système de santé, surtout pendant la pandémie. Je commence toujours par un toner...» Elle poursuit ensuite avec des considérations directement adressées aux femmes, teintées d'empouvoirement: «La raison pour laquelle je trouve important de partager ma routine est la suivante: la féminité a du pouvoir. Dans la sphère politique, l'apparence des femmes

13 https://www.vogue.com/article/alexandria-ocasio-cortez-beauty-secrets

est très critiquée. Le fait d'être une femme est politisé à Washington. On pense à tort que les personnes qui s'intéressent à la mode et la beauté sont frivoles, mais je pense que ces décisions sont cruciales, et nous les prenons tous les matins. Passons, ma crème solaire. C'est difficile de trouver une crème solaire lorsque qu'on a la peau riche en mélanine. » Elle continue son discours en s'attardant sur ses débuts : « Je porte un rouge à lèvres rouge depuis mes débuts en politique. J'étais inconnue et je faisais du porte-à-porte. Je me suis rendu compte que la meilleure façon de paraître soignée, c'est un vrai rouge. Bien sûr, je suis latina, cela fait partie de notre culture. » Le rouge à lèvres est central dans son esthétique, mais aussi dans son storytelling : « Je porte un rouge quand j'ai besoin d'avoir confiance en moi. Notre culture tend à minimiser l'impact des femmes et à démolir leur confiance en elles. Pour moi, c'est un acte radical et presque une mini-manifestation de nous aimer nous-mêmes, alors que la société nous dit que nous n'avons pas le poids ou la couleur adéquate. Vous vous levez et vous dites : vous savez quoi ? Ce n'est pas vous qui prenez cette décision. *Je* prends cette décision. C'est très puissant. Mais ça ne veut pas dire que nous ne pouvons pas nous amuser. »

Elle continue sur la beauté pour soi-même : « Si je passe une heure à me préparer le matin, c'est pour moi, pas pour être belle sur une photo des républicains. Et c'est toute la différence ! Mon corps, mon choix ! Je ne cherche pas à atténuer mes défauts, mais à accentuer les contours de mon visage. Je ne cherche pas à rendre plus petit, plus grand, mais à montrer aux gens ce que j'ai. »

Elle finit sur la *pink tax*, la différence de prix entre les services et produits pour hommes et pour femmes. « La *pink tax* ce n'est pas juste une question d'argent, mais aussi de temps. On voit trop souvent, dans les études, que les femmes qui portent beaucoup de maquillage gagnent plus d'argent. À ce stade, ces décisions ne sont plus un choix, elles résultent du patriarcat : si nous paraissons plus belles aux yeux des hommes, nous gagnerons plus d'argent. [...] En plus, nous ne sommes même pas payées autant que les hommes ! Nous devons dépenser plus, notre temps vaut moins, et nous ne sommes même pas à l'égalité salariale. Nous vivons dans des systèmes créés pour les hommes, au détriment des femmes et personnes queers. Et à chaque fois que vous prenez une décision qui ne rentre pas dans la norme, posez-vous la question : à qui sert la norme ? Je pense que la communauté queer a largement entamé la réflexion sur ce sujet. Des drag queens aux personnes non binaires qui utilisent la beauté pour s'exprimer, c'est une leçon pour tous·tes. OK, je vais recourber mes cils. En tant que femme la plus jeune et en tant que femme de couleur, je ne suis pas prise au sérieux : je m'interdisais le fard à paillettes. [...] J'ai essayé le fard nacré, et c'est le feu ! Je me sens bien, ça allume mon regard ! [...] Boum ! C'est un petit choc ! [...] Si vous avez besoin d'un petit boost, regardez-vous et dites-vous : je suis une bombe, je vais rendre le monde meilleur. »

C'est un manifeste pour le maquillage mais surtout un tour de force en termes de communication : si vous ne la connaissiez pas, vous savez désormais qu'elle travaille beaucoup, qu'elle a commencé tout en bas de l'échelle, qu'elle est au service des gens et qu'elle veut que les femmes aient une autonomie sur leur corps et soient mieux payées. Elle s'adresse aux nombreuses femmes qui aiment les vidéos de beauté mais ne l'avaient jamais vraiment écoutée, le tout en faisant une routine très élaborée. Elle développe son image, prend un temps d'avance sur ceux qui vont la critiquer, montre qu'elle a de sérieux talents de maquillage et se dépeint comme une femme de son temps. Bref, c'est un discours politique. C'est adroit : hormis la référence au « *my body, my choice* », le slogan des pro-IVG, sa vidéo pourrait sans doute séduire un grand nombre d'électrices bien au-delà de sa famille politique – elle soutient Bernie Sanders, très à gauche de l'échiquier.

La vidéo a été un très grand succès : tous les grands sites féminins l'ont reprise aux États-Unis et ailleurs. On en trouve plus de 500 000 occurrences sur Google. Certes, AOC a essuyé des critiques, mais globalement, ce n'est pas pire que les attaques habituelles qu'elle subit – elle a souvent fait office de punching-ball pour le camp républicain.

La journaliste Rhonda Garelick estime sur le site The Cut qu'AOC est la première femme politique à vraiment prendre en compte et utiliser « le théâtre de l'autocréation féminine ». « Personne ne peut la critiquer pour son intérêt pour le maquillage et la mode, ni l'humilier pour ses choix d'accessoires en hommage à son enfance de Latina dans le Bronx, car elle assume tout[14]. »

14 Rhonda Garelick, « AOC dares us to look her in the face », The Cut, 2 novembre 2020.

Sa vidéo sonne aussi comme une réponse bien sentie à ce fameux commentaire de Bernard-Henri Lévy dans *Les hommes et les femmes*, un livre d'entretiens avec Françoise Giroud publié en 1993 : « Je trouve que l'argent va mal aux femmes. J'aurais du mal à aimer une banquière ou une femme d'affaires. [...] Et j'éprouve toujours un certain malaise, c'est vrai, à les voir comme ça, mal réveillées, trop vite maquillées, coiffées un peu de travers, le rouge à lèvres mal étalé, en train de discuter business avec un patron de chaîne ou de banque. » Il parle d'argent, mais il pourrait dire « pouvoir ». Il reproche aux femmes d'oser s'intéresser à un domaine réservé aux hommes, mais surtout de le faire au détriment de leur féminité. Et n'effectuant pas assez bien le travail féminin (se maquiller et se coiffer), elles sortent de leur sphère ovidienne : être une potentielle proie pour les hommes.

AOC n'est pas la seule à avoir instrumentalisé le tutoriel beauté comme mode d'expression politique. Une activiste, Feroza Aziz, a utilisé le même stratagème pour alerter sur la condition des Ouïghour·es en Chine. Mais la vidéo était une « couverture » pour tenir un discours politique, pas une utilisation du rituel en lui-même. La vidéo d'AOC, c'est sans doute la plus grande incursion du make-up sur la scène politique. Qu'est-ce que cela change ? Elle conjugue tout ce que la société lui demande : elle se plie au long travail de maquillage, mais elle « négocie » avec le patriarcat et en fait une arme de pouvoir. Oui, vous pouvez être une femme politique, porter du rouge à lèvres rouge et des paillettes, mais ça va devenir encore plus « rentable » de le raconter.

Doser pour exclure

En 2010, j'ai rencontré le fondateur de la marque de soins, savons, produits d'ambiance et autres parfums de luxe Aesop, alors encore indépendante. La marque me fascinait car elle n'avait adopté aucun code de l'époque : elle était *gender-neutral*, intellectuelle, orientée vers le design. L'adjointe du fondateur m'avait emmenée visiter un corner dans un grand magasin à Melbourne. Elle m'avait glissé, en parlant de la jeune vendeuse : « Elle porte trop de maquillage pour être vraiment Aesop, mais elle est nouvelle. Pas besoin de le lui dire, d'ici quelques semaines elle aura compris d'elle-même. » La marque était alors le summum du snobisme. « Nous ne sommes pas une marque pour tout le monde », m'avait dit cette dame. L'idée, c'était d'exclure. Et il n'y avait même pas besoin d'en parler : les codes esthétiques étaient si forts que mettre des mots dessus était inutile. « Nous ne sommes pas une marque pour les gens trop maquillés », criaient les sublimes comptoirs en bois, le lavabo en cuivre et les rayons austères.

L'exclusion est intrinsèquement liée au maquillage. Dès que vous tracez une ligne d'eyeliner, vous décidez d'appartenir à un groupe. Si vous choisissez des faux cils plutôt que du mascara, à un autre. C'est la quantité de maquillage qui est déterminante. Trop maquillée, vous êtes vulgaire, à moins que cela ne traduise une ignorance des codes actuels : un fard criard étalé jusqu'aux sourcils, porté au premier degré, vous télétransporte directement cinq décennies en arrière. Si vous ne connaissez pas une chose aussi futile que la taille du smoky de cette décennie, alors que saurez-vous de sujets plus sérieux ? Cette méconnaissance vous classe en bas de l'échelle, du côté des nulles, des ignorantes. Les archétypes sont aussi géographiques : en France, la Parisienne contre la cagole du Sud ; en Angleterre, la rose anglaise contre l'Essex Girl (du Sud aussi). La cagole et l'Essex Girl ont en commun le teint trop foncé, la chevelure trop blonde, les seins trop refaits, les ongles trop longs, les sourcils trop redessinés, le contour des lèvres trop appuyé, le mascara trop visible, le blush trop contouré... Bref, elles signifient trop fort au monde qu'elles ont bossé pour ressembler à ça : dans une logique de séduction, elles sont trop disponibles, trop immédiatement sexuelles. D'ailleurs, on leurs reproche leurs mœurs légères et leur matérialisme. On analyse cet attirail comme une panoplie pour attirer les hommes, et pour changer de classe. Pour grimper dans l'ascenseur social. La bourgeoise n'a rien à montrer, puisque son statut social lui est déjà acquis. Et si elle fait quelque chose, elle veillera à le cacher. La cagole, elle, prend son destin en main, travaille et augmente son identité.

Les grandes figures de femmes trop maquillées, la Cicciolina, Loana, Britney Spears, sont des femmes qui souhaitent transformer leur vie. « Leur physique inspire du mépris car il montre de façon ostentatoire qu'elles cherchent à être des transfuges de classe », résume le spécialiste de la mode et du costume Julien Magalhães dans l'épisode « Ça coûte combien la beauté ? » du podcast *Les Beaux Restes*.

Un exemple parmi tant d'autres est celui de Tammy Faye Bakker. En 2022, Jessica Chastain a gagné l'Oscar de la meilleure actrice pour son rôle dans le film *Dans les yeux de Tammy Faye*, où elle interprète Tammy, une évangéliste étasunienne, ancienne vedette de la télé des années 1960 à 1980, dont le maquillage prononcé et la joie de vivre très télégénique étaient la marque de fabrique. Tammy Faye et son mari sont les stars de la télé religieuse pendant des décennies. Mais tout s'écroule quand son mari est accusé puis condamné pour avoir utilisé les dons faramineux de ses ouailles à ses propres fins. Second scandale : il est homosexuel. Jessica Chastain est très investie dans le projet – elle a elle-même racheté les droits d'un documentaire sur la vie de Tammy Faye pour honorer la mémoire de cette femme, décédée en 2007. Elle déplore qu'on ne la connaisse que comme « un clown et une voleuse ». Le film est une sorte de réhabilitation. Au fil de l'histoire, plus le personnage de Tammy Faye vieillit, plus son maquillage devient prononcé : d'un mascara très marqué dans sa jeunesse, elle passe à du blush, des ongles très longs, de plus en plus de faux attributs : faux cils, faux ongles, couche de fond de teint épaisse et orangée qui contraste avec ses mains pâles, et fard métallisé jusqu'aux sourcils.

Son make-up est célébré plusieurs fois dans le film. Lors d'une scène clé, un pasteur critique son goût pour le mascara : elle se justifie en commençant un verset de la Bible, que son futur mari, qu'elle ne connaît pas encore, finit. L'apparence et l'illusion sont déjà au cœur de leur relation. Son maquillage est un masque qui cache le mal-être et la dépression, mais aussi le scandale et le mensonge. Elle passe son temps à se maquiller sous l'œil scrutateur de sa mère, censée représentée la version austère et traditionnelle des croyant·es. Tammy Faye est indissociable de son make-up pour les Étasunien·nes, et le titre y fait référence. La glam team a d'ailleurs reçu un Oscar pour son travail.

Jessica Chastain en a beaucoup parlé dans une interview au *Los Angeles Times*[15] : « Nous nous sommes posé la question : doit-on expliquer pourquoi elle porte tellement de maquillage ? Pour moi, non. Cela ne regarde personne. [...] Vous savez quoi ? Tout le monde devrait se taire sur la façon dont une femme se présente au monde. » Elle raconte que les premières prises ont été très difficiles parce qu'elle craignait de ne pas pouvoir transmettre les émotions avec tant de maquillage. « Est-ce que je vais être capable de me sentir libre ? J'ai dû vraiment m'y habituer. » Quand la journaliste lui demande si, à son avis, Tammy Faye était au courant des agissements de son mari, Jessica Chastain insiste sur le fait que cette dernière n'a jamais été jugée. Il n'y a jamais eu de preuve qu'elle savait quoi que ce soit. Pourtant, la société et les médias l'ont jugée coupable. Pour l'actrice, il s'agissait probablement d'une méfiance générale due à des stéréotypes liés à son maquillage.

De Tammy Faye à aujourd'hui, les critères ont légèrement évolué. Celle qui fait sans doute bouger les lignes, c'est Kim Kardashian, qui a fait entrer le monde entier dans son intimité. Les codes esthétiques qu'elle met en avant ont d'abord été méprisés, et de nombreux·ses observateur·rices ont montré que ce mépris était ancré dans une culture raciste :

15 Amy Kaufman, « Why televangelist Tammy Faye Bakker was the hardest role of Jessica Chastain's career », *Los Angeles Times*, 23 août 2021.

elle utilise des codes de la beauté noire, qu'elle reprend à son compte. Mais en deux décennies, elle a gagné en reconnaissance. Elle est prise au sérieux : *Vogue*, *Elle* et bien d'autres l'ont mise en couverture à plusieurs reprises. Son influence esthétique est indéniable. Ses make-up artists sont tous·tes devenu·es des stars. Sa façon de se maquiller a eu une influence planétaire et a généré des revenus considérables, pour elle et l'industrie de la beauté tout entière. Ce triomphe esthétique a été permis car elle n'est pas une transfuge de classe : elle vient d'une famille ultra riche[16].

Bien sûr, les réseaux sociaux ont également eu un impact sur la dose de maquillage que l'on applique. « Ils ont influencé la façon dont on envisage sa peau, rappelle Carole Colombani. Clairement, les mannequins se maquillent beaucoup plus qu'il y a cinq ans. Quand on maquille peu la peau et que certains défauts, comme les cernes ou des imperfections, sont toujours visibles, elles sont très étonnées et demandeuses de plus de fond de teint, plus d'anti-cernes. Depuis le début de ma carrière, j'avais l'habitude d'entendre les mannequins me dire, après les shootings : "Je ne mets rien sur ma peau en temps normal, donc je vais garder ce maquillage parce que je trouve ça joli." L'autre cas de figure c'était : "Je n'y connais rien en make-up et je vais tout enlever parce que je préfère ne rien porter." »

On pourrait analyser les réseaux sociaux comme un *great equalizer* : tout le monde ayant accès aux plateformes, les codes de classes s'en trouveraient lissés. J'en doute. Pour

16 Son père est Robert Kardashian, un avocat célèbre pour avoir défendu O. J. Simpson. Quant à sa mère, Kris Jenner, elle a développé de lucratifs partenariats publicitaires.

moi, ils ont leurs propres codes esthétiques, avant tout guidés par la technologie – qui a, elle aussi, un prix.

Depuis l'apparition des tutos vidéo, on juge l'efficacité du maquillage à sa capacité à nous transformer : les vidéos les plus spectaculaires, donc les plus regardées, fonctionnent souvent sur le seul enjeu du contraste entre l'avant et l'après. Et comme le rythme de défilement des images va de plus en plus vite, cette transformation paraît presque magique.

Une des reines de l'avant/après, c'est la make-up artist Nikkie de Jager, qui ne maquille qu'une moitié de son visage dans une série de clips. Elle lance ce projet en 2015, inspirée par un épisode de *RuPaul's Drag Race* qui présente les concurrentes à moitié en drag. Elle affirme vouloir lutter contre le *make-up shaming*, c'est-à-dire, selon ses mots, l'idée que « si on aime le make-up, c'est soit pour séduire les hommes, soit que l'on ne s'aime pas, soit que l'on ne veut pas ressembler à qui l'on est ». Dans la première de cette série de vidéos, elle présente sur elle-même la technique du contouring. Et ça marche : depuis, elle a maquillé une joue de Kim Kardashian et même une moitié d'Adele.

Sur YouTube, les influenceuses ont eu tendance à adopter le contouring pour répondre aux besoins de la caméra, qui adore le fond de teint mat, pas la brillance, et les contrastes. En 2015, l'heure était aux faux cils, au *cut crease* (technique pour mettre en valeur la paupière en utilisant deux couleurs opposées). Mais depuis 2021, les choses se précisent. Le même fond de teint propose à la fois une épaisseur couvrante et de la légèreté. C'est une sorte de schizophrénie.

Le corollaire de tout cela, c'est que la tendance qui rebat les cartes, c'est la médecine esthétique. Les médias ne parlent plus vraiment de « couleurs de la saison » ou de « textures du printemps », issues des bureaux de tendances, mais davantage de formes et de volumes. « Le maquillage se rapproche de la médecine esthétique, rappelle Carole Colombani. On cherche un effet lifting, on fait des *cat eyes* pour remonter les paupières, on grossit les lèvres. Anastasia Beverly Hills a inventé une cire pour réhausser les sourcils : c'est clairement un geste inspiré des injections. » Certes, les techniques pour agrandir un regard existent depuis cinquante ans (dans les années 1970, une publicité vantait un fard qui « écarquille les yeux »). Ce qui a changé, c'est que les moyens de modifier son visage sont plus variés et plus accessibles aujourd'hui. On peut modifier la forme d'un nez, du menton, de la mâchoire ou la position d'un sourcil avec des injections. Le prix est bien plus abordable que celui d'une opération chirurgicale, les risques moins élevés pour la santé (même s'ils existent) et les conséquences s'il y a des ratés sont moindres, puisqu'on peut les dissoudre à l'aide de produits spécifiques en cabinet. Les injections et lasers permettent également de corriger la texture et l'apparence de la peau. Dans cette optique, une fois que l'on a modifié les contours du visage et la qualité de l'épiderme, le maquillage n'est plus un palliatif. Il ne sert plus à rectifier, mais simplement à appliquer de la couleur. Il n'a plus cette fonction utilitaire, on peut alors s'en servir comme geste artistique. C'est le cas du Lip Kit de Kylie Jenner, un lot comprenant un crayon et un rouge à lèvres. La première production de 15 000 kits fut en rupture de stock une minute après sa mise en vente en décembre 2015[17]. Quelques années plus tôt, on aurait sûrement jugé qu'une femme ayant fait de la médecine esthétique était mal placée pour promouvoir des produits de beauté. Mais l'effet Kylie Jenner a montré l'inverse : maquillage et médecine esthétique vont désormais main dans la main, l'un sublimant l'autre. L'outil n'a plus d'importance, pourvu qu'on ait le résultat. Nous voilà dans l'ère de la *tweakment culture* : la culture de la retouche. Le mot est le même, que l'on parle d'une photo, de médecine ou de maquillage.

Maquillée comme jamais dans les univers digitaux

Reste à explorer le domaine des métavers, ces mondes virtuels qui accueillent une ou plusieurs extensions digitales de nous-même. Je suis consciente des problèmes liés à la sécurité des utilisateur·rices de ces espaces, mais je m'intéresse plutôt aux possibilités esthétiques qu'ils offrent. Le sociologue David Le Breton explique dans *L'adieu au corps* que nous entrons dans une ère « post biologique » qui entraînera « l'abandon du corps » : « Plus de genre, plus de sexe, plus d'âge, mais seulement un désir appuyé sur une technologie toute-puissante[18]. »

Ce qu'il décrivait en 1999 semble avoir anticipé les métavers. Pour le moment, les dessins sont souvent sommaires, mais les avancées technologiques parviendront sans doute à dessiner le corps humain le plus réaliste possible.

---

17 Natalie Robehmed, « How 20-year-old Kylie Jenner built a $900 million fortune in less than 3 years », *Forbes*, 11 juillet 2018.

18 David Le Breton, *L'adieu au corps*, Métailié, 1999.

Esthétiquement, le champ des possibles s'ouvrira : « Est-ce que nous désirerons une représentation sublimée de nous-même ou quelque chose d'autre ? Et surtout, cela permettra-t-il d'avoir plusieurs identités, un peu comme on a plusieurs comptes sur un réseau social ? Est-ce que je serai sirène le matin, version fantasmée d'une de mes héroïnes de séries le soir et personnage banal dans un autre espace ? » se demande Laurent François, auteur et expert en stratégie digitale, lors de notre entretien. Ces univers seront peut-être les lieux de toutes les expérimentations, sans crainte d'appliquer trop de maquillage, de choquer, ou de défier les conventions sociales ou de genre. On peut imaginer qu'ils seront de véritables terrains d'exploration. Ils sont en tout cas une aubaine pour les marques de maquillage, car ils invitent à la multiplication des identités. C'est précisément ce qui fait que nous achetons encore et toujours du maquillage dans la vie réelle : « Bien sûr, d'un point de vue fonctionnel, le monde n'a pas besoin d'une énième marque de rouge à lèvres, me confiait une créatrice, en off. Mais ces nouvelles gammes existent uniquement pour répondre à notre besoin de réinvention permanente. Le midi, je serai peut-être une femme Rimmel, le soir une autre… »

De nombreuses marques de maquillage ont investi ces plateformes, mais elles ne savent pas encore quoi y faire. Certaines proposent un maquillage signé de leur make-up artist. On peut aussi y acheter des produits de beauté, fréquenter des boutiques, ou y admirer des œuvres d'art. M·A·C a déjà lancé deux collections de produits inspirées de looks créés sur des Sims. C'est sans doute la question cruciale : quels services une marque de maquillage peut-elle offrir au consommateur ou à la consommatrice ? La question se pose autant dans le monde virtuel que dans le monde réel. Va-t-on y recréer les mêmes schémas de socialisation, et donc utiliser le maquillage pour exclure ? Va-t-on se maquiller dans les métavers et moins dans la vie ? Ou au contraire, nos esthétiques virtuelles vont-elles influencer notre corps charnel ? Les doses acceptables vont-elles être modifiées ? On peut l'espérer. Mais l'idée que ces espaces vont rebattre les cartes de nos fantasmes et désirs esthétiques semble fausse : « À quand un avatar en surpoids ? » s'interroge le journaliste Éric Senabre dans le magazine *Uzbek et Rica*, en octobre 2022[19]. Il explique notamment que, pour le moment, on utilise les avatars pour s'améliorer, et que cela ne laisse pas la place aux représentations « hors norme ».

Les ongles trop longs, histoire d'une discrimination

Maintenant que tout le monde vit en baskets, les ongles ont, à mon sens, remplacé nos chaussures comme indices de notre statut social. L'ongle parfait, selon moi, c'est celui de l'influenceuse Jessie Brush, alias @nail.betch sur Instagram. J'aurai sans doute réussi ma vie le jour où j'aurai les mêmes : longs, mais pas trop, légèrement arrondis, mais pas trop, bien brillants, propres évidemment, ni striés, ni cassés, tous égaux et décorés de motifs cools : l'illustration d'un emploi du temps maîtrisé et d'une santé de fer. Pour le moment, les miens sont le signe d'une défaite,

19 Dossier « Le corps va-t-il disparaître ? ».

pleins de stries, parfois sales, jamais de taille égale car je fais de la céramique, du jardinage et, surtout, je manque de la rigueur nécessaire à leur entretien. Les ongles racontent ce que l'on fait de nos doigts et de nos mains. Jusqu'à nos activités les plus intimes : le *Los Angeles Times* a consacré un article[20] aux manucures queers, destinées aux lesbiennes, où les ongles de l'index et du majeur sont judicieusement plus courts que les autres.

Mais ce que les ongles disent surtout, c'est notre rapport au travail. Dans la dynastie Ming, qui régnait sur la Chine du XIVe au XVIIe siècle, les ongles longs, peints et protégés étaient le signe que vous n'aviez pas à travailler. Dans l'Égypte ancienne, on a retrouvé dans diverses sépultures de faux ongles en ivoire, en corne ou en or, marques de richesse. On dit que Néfertiti peignait les siens en rouge. Le soin porté aux ongles est inhérent à la condition humaine.

Leur état donne un indice de notre place dans la société et leur longueur de notre capacité à travailler. Un des préjugés sur le sujet est celui que la femme qui a des ongles longs ne peut rien faire : ni la vaisselle, ni taper sur une caisse enregistreuse ou à l'ordinateur. Elle est donc suspectée d'être à la fois vaine, futile et paresseuse. Pire : assistée. Au cours de l'écriture de ce livre, les algorithmes de Twitter m'ont pertinemment recommandé de regarder la photo d'une main de femme noire, avec des ongles de 6 centimètres (à vue de nez), en forme de stiletto, c'est-à-dire très pointus. Les réactions au cliché étaient

20 Martine Thompson, « Cheers to the queer manicure », *Los Angeles Times*, 22 juin 2022.

nombreuses, en voici une sélection : « c'est ultra pratique quand tu n'as pas de tournevis », « ça montre qu'elle a un lave-vaisselle », « certains actes de la vie courante doivent être très compliqués avec des ongles pareils (mettre des lentilles, se laver… même lire un livre) ». Mais encore : « pas moche à regarder mais jamais de la vie tu peux vivre avec ça aux mains ou alors tu fais rien de tes 10 doigts à part les montrer » et « j'ai eu une stagiaire de 15 ans, elle avait les ongles comme ça, une catastrophe ! Je lui demandais d'écrire un mail, elle mettait 15 minutes ». Enfin, mon préféré : « Au risque de passer pour une vieille conne, je trouve ça vulgaire. » Bref, avec des ongles comme cela, on ne fait rien. Pire, on ne sert à rien. Encore pire : on choisit, consciemment, de ne rien faire. Ce qui conditionne cette détestation, c'est précisément le choix d'être improductive. Si on ne lave pas la vaisselle ou qu'on n'écrit pas de mails, on ne mérite pas le respect.

Toutes ces réactions se passent sur le fil français de Twitter, dans un pays où ne pas travailler reste source de mépris social. L'idée qu'il faut favoriser le travail plutôt que « l'assistanat » est un concept qui traverse la droite française depuis au moins quatre décennies, et elle a repris du poil de la bête en particulier depuis le remplacement du RMI par le RSA en 2008. Cette réforme avait notamment pour but d'éviter qu'une personne puisse gagner davantage en touchant des allocations plutôt qu'en travaillant. Une des propositions d'Emmanuel Macron lors de la dernière campagne était d'ailleurs de conditionner le RSA a une activité professionnelle – 15 à 20 heures de formation ou une immersion en entreprise.

La classe politique a largement banalisé l'idée que les chômeurs et les pauvres sont responsables de leur situation, car ils ne cherchent pas à retrouver du travail. C'est d'ailleurs ce qui sous-tend la réforme de l'assurance chômage appliquée depuis septembre 2022. L'idée qu'on est un poids pour la communauté si l'on ne travaille pas s'est immiscée dans tous les esprits, on l'a aussi vu lors de la pandémie. « Faut-il vraiment sauver les vieux improductifs ? » ont, en substance, demandé certain·es. Évidemment, le fait que les pauvres appauvrissent l'État est largement contesté par les économistes[21]. Si j'avais un fonds d'investissement sous la main, je lancerais une ligne de faux ongles estampillés « Eat the rich ».

Mondialement, celle qui perpétue le mythe de la femme paresseuse versus la méritante, c'est la grande penseuse du capitalisme moderne, l'inévitable Kim Kardashian. Née millionnaire, elle incite les femmes à « se bouger le cul et se mettre au travail » dans ses interviews. Elle représente exactement l'ambivalence actuelle concernant les faux ongles : « Je suis une personne totalement différente quand je porte des faux ongles longs. Ils me donnent tellement confiance en moi – et je déteste les ongles longs ! De temps en temps, j'ai besoin de cette énergie *bitchy-boss* [patronne et salope]. Mais quand je dois écrire un essai,

21 Cette question avait notamment émergé lors des débats de la primaire de la gauche en 2017, avec l'idée du revenu universel d'existence proposé par le candidat Benoît Hamon. Un collectif d'économistes, dont Thomas Piketty et Julia Cagé, avait soutenu la proposition dans une tribune du *Monde* (« Piketty, Méda, Landais... Des économistes "pour un revenu universel crédible et audacieux" », *Le Monde*, 24 janvier 2017).

je suis là : "Retirez-moi ces ongles ! Je ne peux pas taper à l'ordinateur."[22] »

Cette énergie *bitchy-boss*, probablement le slogan le plus impactant du libéralisme nord-américain, c'est la version rentable d'un sentiment jouissif : l'euphorie ressentie à la pose des faux ongles. Ils allongent les mains, amplifient le mouvement, soulignent chaque geste, dramatisent l'allure… Ils font du monde une scène de théâtre. Ils sont un moyen d'enchanter la vie.

Le préjugé contre la personne qui arbore de faux ongles est renforcé si celle-ci est racisée, la catégorisation s'inscrit donc aussi dans une perspective raciste. On trouve difficilement une histoire des faux ongles en France, mais elle a beaucoup été racontée aux États-Unis. Les faux ongles modernes y ont été inventés dans les années 1950, puis portés notamment par les femmes noires étasuniennes, dont l'une des premières top-modèles noires, Donyaele Luna, dans les années 1960. Pendant la décennie suivante, ils ont fait partie de l'esthétique disco, avec Donna Summer et Diana Ross : les faux ongles étaient longs, sans motifs, mais parfois avec des strass.

L'une des femmes qui ont marqué cette histoire est Florence Griffith-Joyner, championne olympique de sprint (100 et 200 mètres) en 1988, mais également nail artist et coiffeuse. Ses ongles peints ont fait la une de *Sports Illustrated* la même année. On peut y observer un décor de bord de mer avec des palmiers, la lune et un coucher de

---

22 Danielle Pergament, « Kim Kardashian and I analyzed each other's faces », *Allure*, 2022.

soleil. Sur les photos officielles, elle arbore des laques très raffinées : dorées, rouges, bleues, à motifs, avec des strass... Cela lui a valu beaucoup de critiques, et on semble oublier qu'elle détient toujours deux records du monde. « Griffith-Joyner nails 100-meter dash final », a titré le *Chicago Tribune*, soit un jeu de mot sur *the nail*, l'ongle en anglais, et *to nail*, qui signifie réussir. Comme beaucoup de femmes avant et après elle, elle a dû s'expliquer sur son choix esthétique. « Je voulais juste apporter mon style sur la piste », a-t-elle simplement répondu. « Les médias ont parlé de ses ongles comme d'une source de mystère et de dégoût, en mettant l'emphase sur les différences raciales. Sa préférence pour les ongles longs et colorés était décrite comme anormale, différente, rebelle », analyse l'historienne Lindsay Pieper en 2015[23]. Florence Griffith-Joyner faisait sans doute peur au public blanc : les faux ongles sont aussi un attribut sexualisé, et ils sont souvent comparés à des griffes de félin. L'idée que la sexualité des femmes noires est dangereuse car elle risque de « contaminer » les femmes blanches est ancienne et très répandue[24].

Dans les années 1990, la rappeuse Lil' Kim et la chanteuse, actrice et productrice Mary J. Blige ont popularisé le style ghetto fabulous, avec une esthétique marquée par le recours aux signes extérieurs de richesse : elles portaient des fourrures, des logos, des bijoux à gogo. Missy Elliott, rappeuse et productrice, a continué à les porter sur les tapis

---

23 Citée dans l'article de Nadra Nittle, « Nail art is bigger than ever, so why aren't black women getting any credit? », *Refinery 29*, 15 avril 2019.

24 Voir *Pussy, Pleasure, Power! le désir féminin dans la pop culture*, réalisé par Tita von Hardenberg, Arte, 2022.

rouges. Janet Jackson, dans le clip *What's it gonna be?!* (2019), arborait des faux ongles mauves percés d'un anneau doré. Une manucure de Lil' Kim ornée de dollars a été exposée au MoMA en 2017. Dans la culture noire étasunienne, les ongles sont vite devenus un signe de richesse.

Ces dernières années, Serena Williams – qui a un diplôme de manucure – portait des ongles très visibles sur les courts (le site The Cut a consacré une galerie à ses ongles en 2015, ils sont incroyables[25]). Elle continue d'essuyer les critiques, car le corps des athlètes racisées est toujours un terrain de bataille : la combinaison anti-caillots de sang qu'elle portait à la suite de son accouchement a ainsi été critiquée par le président de la Fédération française de tennis et bannie de Roland Garros.

Plus récemment, c'est la chanteuse Cardi B, connue pour ses ongles immensissimes, qui a été critiquée lorsqu'elle a eu un enfant. Comment une telle manucure pouvait-elle être compatible avec la maternité, particulièrement pendant la période sacrificielle qu'est le post-partum ? lui reprochaient en substance les critiques. Elle a répliqué sur Twitter : « OK, certains d'entre vous ont remarqué que j'ai modifié la forme de mes ongles – ils ne sont plus pointus, ils sont carrés, pour ne pas faire mal à mon bébé. J'envisage de changer à nouveau la forme de celui du petit doigt seulement. Je vais le tailler en pointe pour pouvoir atteindre ses crottes de nez. » Une jolie crotte de nez, *indeed*, envoyée aux commentateur·rices.

---

25 Ashley Weatherford, « Your guide to Serena Williams's badass manicures », The Cut, 5 septembre 2015.

Le préjugé est-il en train de s'éteindre ? La chanteuse Lizzo, a fait de ses ongles un emblème. Elle pose mains croisées sur la pochette de son single *About Damn Time* en 2022, elle va au Met Gala et y joue de la flûte traversière avec une manucure hélicoïdale, elle exhibe des ongles estampillés de sa marque de *shapewear* (lingerie sculptante), et ce sont encore eux que l'on voit en premier, en train de taper à l'ordinateur, lorsqu'elle tourne une publicité pour du matériel informatique. Oui, elle a des ongles longs, et ça ne l'empêche pas de faire tout un tas de choses, de remporter tous les prix de la Terre, et d'avoir une influence considérable.

En France, les faux ongles sont presque mainstream depuis une dizaine d'années. Ils sont acceptés depuis que des stars blanches, comme Katy Perry et Miley Cyrus, les arborent. Ils sont aussi mis en scène dans les séries photo mode et beauté de la presse. Un exemple de plus d'appropriation culturelle – le fait d'emprunter des éléments d'autres cultures tout en jouissant des privilèges blancs. La pop culture considère ces éléments comme vulgaires lorsqu'ils sont portés par une Noire, là où ils sont synonymes de créativité quand ils sont récupérés par une Blanche.

Les nail artists sont en train de devenir de plus en plus connu·es, avec une jeune garde extrêmement créative, proposant des motifs, des strass, des dessins de plus en plus raffinés, mais aussi des jeux de textures et de volumes. La manucure stylée est peu à peu devenue chère. Cardi B, se plaignant de l'inflation depuis les années 2000, a révélé en décembre 2018 que son combo manucure-pédicure lui coûtait 200 dollars. Sur Instagram, une de mes connaissances, blanche, déplorait en montrant ses faux ongles longs et multicolores: «J'ai payé une manucure hyper cher dans le Marais. Le mec avec qui j'avais un rendez-vous professionnel juste après m'a demandé si j'étais allée à Château d'Eau.» Les préjugés ont la vie dure. En 2022, la manucure dite *expensive looking* est apparue: de faux ongles qui imitent un naturel parfait. Il s'agit d'un rose pâle, brillant, passe-partout, très harmonieux, où l'on ne distingue que très peu la différence entre la lunule et l'ongle. Les cuticules n'existent pas. Bref, une version blanchie des ongles longs. La French manucure est morte, mais l'*expensive looking* l'a remplacée. Hayley Bieber, encore elle, bourgeoise blanche qui fait partie des *nepotism babies* d'Hollywood (comprenez: sa famille est déjà riche et célèbre), a fait sienne cette déclinaison, affichant une manucure délicatement nacrée.

Le même phénomène se produit avec les faux cils. On voit de nombreuses influenceuses exhiber sur les réseaux des lignes de cils extrêmement denses, longues, fournies et lourdes. Le salon Kimmkosmetics, dans la banlieue de San Francisco, propose ce look. La propriétaire poste régulièrement sur les réseaux sociaux des clichés de clientes, dont la plupart ne sont pas blanches, et les réactions sont partagées. Certaines adorent, d'autres critiquent: «un tel résultat va faire fermer ta boutique», «elle peut à peine ouvrir les yeux», «ça a l'air très inconfortable», «c'est quoi le but? avoir l'air too much?», «il est temps d'apprendre la notion de limite».

Un autre salon de beauté, Lashed by Noa, propose les mêmes services et s'adresse même aux *haters*. La propriétaire raconte que certaines femmes repassent à contrecœur à des cils plus courts, car leur compagnon leur demande un look plus naturel. À la question « tu fais parfois des faux cils normaux ? », elle répond « si par normaux, tu veux dire “basiques”, la réponse est non ». Les critiques semblent être à peu près les mêmes : pourquoi mettre des accessoires qui nuisent à notre image ?

Il y a fort à parier que ces faux cils deviendront « cools » et « edgy » lorsqu'on les verra sur une chanteuse blanche. D'ailleurs, entre le moment où j'ai débuté ce paragraphe et celui où j'ai rendu le manuscrit, Prada avait déjà mis en scène des faux cils étranges, longs comme des cheveux, sur son défilé printemps-été 2023. Pas tout à fait les mêmes que ceux des salons étasuniens, mais une version s'en approchant grandement. La machine est en marche.

La surdose célébrée : le maquillage est-il un art ?

Il y a un espace où l'excès est roi : c'est le domaine du maquillage « artistique », par opposition au maquillage commercial, celui qui est portable dans la vie de tous les jours et que j'appellerai ici « usuel ». Les maquilleuses et maquilleurs les plus connu·es font partie d'un tout petit cercle, dont on juge le talent suffisant pour représenter leurs œuvres dans les magazines sans que la lectrice ou le lecteur y voient automatiquement quelque chose à recopier tel quel sur leur visage. Ces artistes sont souvent représenté·es par les plus grandes agences de maquillage, et ce sont elles et eux qui dirigent les cabines des défilés. Bref, c'est la crème du milieu.

Le maquilleur artistique dont l'œuvre est la plus reconnue est sans doute Serge Lutens, artiste français né en 1942 qui s'était fait engager à quatorze ans comme apprenti dans un grand salon de coiffure où il maquillait et photographiait des femmes. Il a signé des photos pour *Vogue*, qui l'ont ensuite amené à développer une gamme pour Dior, puis une autre, sous son nom, qui existe toujours et appartient au groupe Shiseido. Il a aussi créé des jus qui ont marqué l'histoire de la parfumerie. Il a une place unique dans l'histoire de la beauté. « Avant lui, [le maquillage] n'était qu'une mise en beauté qui ne dépassait pas le simple réalisme. Il a ajouté la dimension créative et a fini par l'élever au rang d'art », juge Terry de Gunzburg, interrogée par Lionel Paillès, qui consacre un long portrait à cette « légende » dans le *M, le magazine du Monde*[26].

À mon sens, et même si on la décrit plutôt comme photographe, l'une des plus célèbres make-up artists contemporaines est Cindy Sherman, dont l'œuvre est largement constituée d'autoportraits qui la mettent en scène, maquillée (par ses soins), parfois déguisée et portant une perruque, et dans lesquels elle interprète de nombreux personnages. L'une de ses séries les plus connues est *Clowns* (2003-2004), où elle apparaît grimée en clowns inquiétants. Elle a également conçu trois autoportraits pour la marque M·A·C en 2011, et poursuit aujourd'hui ses transformations sur son compte Instagram.

26 Lionel Paillès, « Les mille et une vies de Serge Lutens, l'icône du parfum », *M, le magazine du Monde*, 28 octobre 2022.

Évidemment, la jeune garde s'exprime aussi sur les réseaux sociaux, lieu de la course à la créativité pour les apprenti·es make-up artists. La peau est une toile, et sous les doigts de Chiao-Li Hsu, qui l'orne de dessins de visages ou de silhouettes, de couleurs en arc-en-ciel, d'aplats de paillettes, oscillant entre maquillage usuel et œuvre d'art, le résultat est toujours très beau. Dans un autre genre, on peut également citer Mimi Choi, qui qualifie son style de « surréalisme réaliste » et a peint un « kaléidoscope d'yeux » sur le visage de l'acteur Ezra Miller, à l'occasion du Met Gala. C'est la cheffe de file de l'illusion d'optique. Isamaya Ffrench, elle, n'hésite pas à aller vers le fantastique, voire le dérangeant, dans une esthétique sombre, parfois flippante.

Parmi ces artistes, l'une des plus intéressantes est la performeuse Madrona Redhawk, qui réalise des vidéos où elle applique du maquillage à l'aide d'objets du quotidien – de l'eyeliner avec un pied de table, du rouge à lèvres grâce à une machine à écrire. Le dessin fait fi de la symétrie du visage et considère les yeux et la bouche comme des formes autour desquelles on crée plutôt que des éléments qu'il faudrait orner pour y attirer le regard. Il s'agit à la fois d'un dessin et d'une réflexion sur l'acte de se maquiller. Le geste se rapproche de la peinture, voire de la sculpture : le visage est une surface à modeler en transformant les contours ou en ajoutant des formes, des prothèses, des poils, des effets de matière inédits.

Plus abordable, Celine Bernaerts a d'abord été make-up artist pour les défilés et la presse, avant d'installer un studio chez elle et de devenir créatrice de contenus à temps plein en 2019. Depuis, elle produit des vidéos YouTube et des looks pour Instagram où elle crée une esthétique unique : souvent du maquillage sur les yeux, qui s'inspire des techniques traditionnelles, comme l'eyeliner ou le fard, mais appliqués de façon plus extrême que dans la vie. « Lorsque j'ai débuté sur les réseaux sociaux, en 2013, me raconte-t-elle, il y avait un seul look universel, qui était le maquillage ultime sur Instagram. En tant que maquilleuse professionnelle j'ai toujours pris soin de me démarquer de cette esthétique que je trouvais trop homogène, trop "la même chose pour tout le monde". Depuis, cela a évolué, mais il y a toujours une tendance aux bouches gonflées et à un look un peu "plastique". Instagram a été un espace sécurisé pour expérimenter et pratiquer mon art, et pour concevoir mon style, ma signature, alors que sur un shooting beauté, on ne peut pas faire tout ce que l'on veut. » Elle fait clairement la distinction entre le maquillage qui embellit, le « glam », et la démarche artistique : « Au fur et à mesure, j'ai cessé de créer des looks pour rendre belle, et j'ai plutôt utilisé le maquillage comme une forme d'expression. C'est aussi à ce moment-là que je me suis mise à la vidéo, pour "éduquer". J'essaye de challenger les codes de la beauté en restant créative, en essayant de créer un contenu original, comme tous·tes les artistes. » Les défilés de mode sont aussi un laboratoire : au dernier show Marni, le maquilleur Yadim, un des plus connus, a peint le front des mannequins, par exemple. La critique sociale est plus rare : on l'a vue au défilé Barragán, où les mannequins portaient des perruques blondes « à la Karen », soit le surnom donné aux femmes blanches et racistes, promptes à dénoncer la moindre personne noire à la police, que l'on a beaucoup vues dans les médias étasuniens[27]. Elles portaient aussi des *smoky eyes* approximatifs et des prothèses sur les lèvres, évoquant des injections mal faites. C'est encore Yadim qui signe ce maquillage volontairement raté, dans un show qui fustige la droite réactionnaire.

Les réseaux sociaux ont une fonction d'homogénéisation extrêmement rapide, mais font également bouger les lignes entre le maquillage usuel et celui jugé excessif. Dans un autre genre, le compte @makeupbrutalism nous interroge sur le beau, le concept de « beauté intérieure », en partageant des photos à l'aspect souvent repoussant. La maquilleuse à l'œuvre, Eszter Magyar, applique de la couleur sur les dents, modifie la texture des paupières, pose de la peinture bleue sur les lèvres, peint un paysage sur une langue. Pourquoi ? Pour nous rappeler que notre visage est à nous. Pour nous inviter à faire de notre corps un espace d'invention. Pour nous rappeler que tout est maquillage, et que chaque partie de notre corps est digne d'ornement. « Tout est parti d'une question : qu'est-ce que le maquillage ? Est-ce un processus, une idée ou un produit ? Ni moi ni mes amis make-up artists n'étions capables d'y répondre, m'a expliqué Eszter Magyar. Aucune des définitions que je lisais ne me semblait satisfaisante. Qui a décidé de ces définitions ? Est-ce que je suis capable de créer la mienne ? Pour moi, le maquillage

27 Cady Lang, « How the "Karen meme" confronts the violent history of white womanhood », *Time*, 25 juin 2020.

est une substance appliquée sur le visage ou connectée au visage, quelle que soit la pigmentation de la peau, avec un objectif. Cela laisse la place à l'expérimentation et à la liberté. Lorsqu'on vous enseigne le maquillage, vous apprenez surtout à changer la forme des yeux, de la bouche, du visage, pour correspondre à un idéal. La façon dont on l'envisage dans les études est toujours centrée sur un standard, soit l'inverse de la liberté. Que dois-je vraiment corriger ? Comment prendre en compte le fait que les idéaux de beauté sont sans cesse en train d'évoluer ? Est-ce que je peux être considérée comme belle un jour et me corriger le lendemain ? Il existe tellement de formes de visages différentes, pourquoi en plaçons-nous une au-dessus des autres ? Qui juge de ce qui est idéal et de la hiérarchie ? J'ai décidé de ne pas laisser quelqu'un d'autre que moi le faire. Le processus, c'est toujours de remettre en question la règle avant de la suivre de manière aveugle. Nous vivons dans un monde où les tutoriels sont mis en ligne et où on suit religieusement une règle émise par des inconnu·es. On crée la même tête sur différentes personnes. Il y a beaucoup de slogans vides. "Soyez la meilleure version de vous-même" avec un peu de peinture, ça veut dire que sans, vous ne suffisez pas. "Le maquillage n'a pas de règles..." Alors pourquoi nous ressemblons-nous tous·tes ? Cela nous donne une illusion de liberté. Nous sommes conditionné·es par les réseaux sociaux pour aimer certaines choses simplement parce qu'elles nous sont répétées encore et toujours. Elles finissent par devenir familières et nous rassurer. Comme notre cerveau confond le sentiment de familiarité avec l'amour, nous finissons par croire que nous les aimons. Nous avons atteint un point où il est devenu difficile de normaliser ce qui est normal, parce que ce qui a été édité est le nouveau standard. Mon travail, c'est d'explorer mon langage visuel, et j'espère que cela en incitera d'autres à faire la même chose. »

Elle montre que sortir de la norme est un travail en soi et qu'il peut devenir le centre de votre existence. Votre visage est un projet artistique. En filigrane, elle rappelle aussi que le fait de modifier son visage, la forme d'un œil, d'une bouche, la droiture d'un nez, reste influencé par les standards européens que nous avons toujours appris à envisager comme les plus beaux. C'est enfoncer une porte ouverte que de le dire, mais pour certaines femmes, cela reste au cœur de l'invention de soi chaque matin. « En fonction de mon bronzage, de mon maquillage et du choix de lisser mes cheveux ou non, je décide si j'ai l'air d'avoir des origines européennes ou non dans les yeux des personnes qui me croisent », me confiait une amie. Un enjeu que moi, Blanche originaire d'Europe centrale, je n'ai jamais eu à prendre en compte. Sur Instagram, les salons esthétiques ne postent plus que des photos prises de profil : les femmes se font injecter pour rendre leur mâchoire carrée, avancer leur menton, rendre leur nez plus droit. Le processus s'appelle le « rééquilibrage du profil ». L'embellissement s'inscrit dans une longue histoire de domination des peuples et de colonisation. Le fait de contourer son visage est un embellissement pour certaines, un enjeu de survie pour d'autres.

L'accès constant à ces images a également développé un autre métier, les « emake-up artists », soit des créateur·rices spécialisé·es dans le maquillage digital. Pour le moment, ils et elles réalisent des images figées, des vidéos ou des filtres. C'est le cas d'Inès Alpha, qui crée des œuvres s'adaptant aux visages des mannequins, un peu à la façon des filtres animés sur Snapchat et Instagram. Ce sont des sortes de prothèses virtuelles aux couleurs chatoyantes et avec des strass. Les vidéos sont animées et visibles sur Instagram. Elle a par exemple créé un masque orné de parties iridescentes et ondulantes, un peu comme des méduses. On peut aussi admirer un filtre Snapchat qui permet d'appliquer des éléments sur son visage avec les doigts. Son travail ne rappelle pas les effets de l'eyeliner ou du rouge à lèvres, ce sont des éléments, proches du domaine végétal, que l'on adapte à son visage. On trouve des cœurs, des tentacules. Elle a aussi créé *Interspecies Gossip*, une vidéo sur laquelle des formes s'accumulent sur le visage du mannequin. Cela évoque des coraux ou des champignons colorés, le résultat est très beau.

Le photographe et artiste digital Marcelo Cantu crée du make-up virtuel, mais aussi des NFT[28] et des vidéos dans lesquelles il montre comment il maquille les images. Le visage réel n'a pas d'importance ici, c'est l'expression de soi, ou de ce à quoi on veut ressembler, qui compte. Dans son travail, l'idée de genre semble obsolète : le visage est créé de toutes pièces et le maquillage n'est ni féminin ni masculin. On ne met pas en valeur des attributs, on ne gomme pas des défauts : on crée une œuvre d'art. Est-ce que ces artistes

28 NFT signifie en anglais *non fungible token*, soit un jeton non fongible. Il s'agit d'un certificat numérique d'authenticité unique et non interchangeable, lié à une entité (ici un maquillage, une image) numérique.

sont des maquilleur·euses ? Techniquement, non, ce sont des designers graphiques qui manipulent des photos ou des vidéos. Mais ils et elles partagent avec les make-up artists la connaissance de notre visage et réduisent aussi la distance entre notre enveloppe charnelle et sa représentation virtuelle.

Parfois, une esthétique arrive juste au bon moment pour rencontrer un public. C'est le cas de la série *Euphoria*. « Les pratiques artistiques transforment-elles le monde ? » était un des sujets du bac de philo en 2022. Oui, *Euphoria* l'a fait. L'impact de la série sur l'industrie de la mode et de la beauté est inédit – le site Business of Fashion a nommé cela « l'effet *Euphoria* ». En 2022, neuf des acteur·rices principaux·ales ont décroché un contrat avec une maison de mode ou de beauté.

La série est intéressante car elle présente un monde parallèle, un univers en soi, où le maquillage est traité aussi sérieusement que la mode : l'affiche de la saison est ornée d'une larme constituée de paillettes. La maquilleuse Doniella Davy m'a raconté pourquoi le make-up avait pris une place si importante dans la vie des fans : « Le maquillage d'*Euphoria* est devenu populaire pour une raison précise : la série réduit la distance entre le maquillage fantastique et la vraie vie. Nous étions tous·tes habitué·es à observer ce look coloré, plein de paillettes et très audacieux sur les défilés ou dans les magazines, mais jamais à la télévision. Le fait de voir cela sur des personnages auxquels on peut s'identifier, qui ne sont pas maquillés pour un shoot beauté, mais qui incarnent des personnes réelles, dans des situations normales et qui vivent vraiment dans ces looks, a rendu cette esthétique accessible et portable dans l'esprit des spectateur·rices. » Pinterest s'est d'ailleurs fendu d'un communiqué à l'intention des médias pour annoncer que les recherches concernant le maquillage de la série avaient été multipliées par 41 en janvier 2022 par rapport à janvier 2021. Interrogée sur son processus, la maquilleuse poursuit : « Quand je crée, je m'immerge dans la scène et j'analyse le sentiment que le personnage traverse. Le but premier de mon métier est de raconter une histoire, donc j'en reviens toujours au script. J'essaye simplement de retranscrire l'expérience vécue par le personnage à travers le maquillage. Quand j'ai une idée, je la dessine, ou je l'essaye sur moi, et je la retravaille encore et encore. Quand l'actrice arrive, je sais précisément ce que je veux faire. Mais le look final est toujours une collaboration. J'écoute toujours les actrices pour comprendre quelle est leur vision. » Une émotion plutôt qu'un marqueur social. L'industrie a repris cette esthétique et l'a nommée *dopamine beauty* ou *dopamine glam*, d'après le nom de la fameuse hormone du désir et du plaisir. La joie est sans doute le dénominateur commun de la prochaine décennie. Cette émotion, qui réunit et qui rassemble, paraît plus accessible que le bonheur.

L'idée du ou de la maquilleur·euse transmetteur·rice de joie me rappelle les comptes Instagram qui détruisent le maquillage. Le compte @smearcrush filme en gros plan des rouges à lèvres, des crèmes, des grains de raisin, coupés puis étalés à la spatule dorée sur un fond blanc :

c'est du *texture porn*, créé uniquement pour la contemplation, presque comme de l'hypnose, et déconnecté de l'usage premier de ces produits. Dans le même style, les tutos beauté ASMR[29] sont légion sur YouTube. Le make-up et le plaisir qu'ils nous donnent sont obsédants.

---

29 ASMR vient de *autonomous sensory meridian response* (« réponse autonome sensorielle culminante ») et fait référence à des contenus sensoriels satisfaisants voire jouissifs.

4. DU MAQUILLAGE CRÉÉ PAR DES BLANC·HES POUR DES BLANC·HES

« Mais enfin, nous vendons du fond de teint pour toutes les carnations depuis des décennies ! »

Toutes les marques de maquillage

Le 7 septembre 2017, Rihanna lançait Fenty Beauty by Rihanna, sa gamme de maquillage. La chanteuse ne faisant rien comme tout le monde, elle n'avait invité que deux journalistes françaises. Je n'y étais pas, mais l'une d'elles m'a raconté l'événement. La soirée s'est déroulée à Brooklyn, dans une ancienne usine. « C'est simple, c'est le plus beau lancement de maquillage que j'aie vécu, car ce n'était pas un lancement, c'était une fête où tout le monde avait envie d'être, résume-t-elle. Il y a une ambiance de teuf alors qu'il est 17 heures. On sert de la tequila, la team de Rihanna est là et tout le monde est beau, looké, et incroyablement cool. Et tout à coup, Rihanna arrive. À l'époque, elle ne me fascinait pas vraiment, mais à ce moment-là, sa beauté était réellement frappante. On utilise beaucoup trop le terme d'icône, mais elle était iconique au sens religieux du terme : elle ne marchait pas, elle avançait lentement, comme au-dessus du sol, et sa beauté irradiait partout autour d'elle. Sa peau était magnifique, quasi irréelle. C'est comme si elle avait volé la peau d'un bébé et posé un peu de nacre dessus. Quand elle arrive, bien sûr, tout le monde devient hystérique. Ensuite, la vraie soirée a commencé. Chaque personne invitée était munie d'un bracelet connecté, et quand tu te faisais maquiller, cela enregistrait exactement le produit et la teinte qu'il te fallait. Au moment où tu partais, quelqu'un te donnait ton paquet sur mesure. C'était la première fois que je voyais ça. À un moment, une maquilleuse a voulu me faire un contouring. "Jamais de la vie, je n'en fais jamais", j'ai dit, mais elle a fini par me convaincre. Quand elle a pris un stick dont la couleur était entre le caca d'oie et la souris décédée, j'ai à nouveau refusé et j'ai désigné une autre teinte. Mais elle a insisté : c'est cette tonalité-là qui était pour moi. Elle ne m'a maquillée que d'un côté, pour me faire voir le résultat. J'étais canon. Pour moi, la marque est la première à avoir utilisé de cette manière les sous-tons de la peau comme indicateurs de la teinte qu'il faut. D'ailleurs, les coloris étaient très étranges à l'œil nu. Je n'avais jamais vu ça. » C'est ça, une partie du secret du succès : la gamme de teinte a été pensée non en fonction de ce que l'on voit, mais du rendu sur la peau. D'ordinaire, ma consœur est plutôt comme moi : blasée et sceptique. Mais elle a été emballée par cette expérience, et le reste du monde aussi, manifestement. C'est le pouvoir de Rihanna : elle transforme les gens, elle hypnotise les foules, elle révolutionne l'industrie du maquillage.

Pourquoi est-ce si dément ? Parce qu'on parle de 40 couleurs de fond de teint lancées simultanément dans 17 pays, soit 1 600 points de vente, dont la chaîne de magasins Harvey Nichols, qui les propose toutes. Fenty Beauty est la première marque d'une telle puissance financière et marketing – elle appartient au groupe LVMH – à avoir fait de l'inclusivité son cheval de bataille. La maison raconte que la chanteuse a simplement annoncé à Kendo, un développeur de make-up incontournable: « Je veux faire la ligne de maquillage la plus inclusive possible. » Certes, les gammes présentant une multitude de couleurs existaient et elle n'est pas arrivée dans un vide intersidéral, mais c'est la première qui a mis au centre de sa communication le fait d'offrir des teintes de la même qualité pour tous·tes: les peaux non blanches ne sont pas une extension de ligne. Et le résultat est aussi beau sur tout le monde. La texture est fine et fluide. Bref, elle a donné un grand coup de pied dans la fourmilière.

En un lancement, elle a ringardisé toutes les maisons, qui se sont empressées de se mettre dans le rang. Depuis, quand une marque lance beaucoup de teintes, elle l'affirme comme argument marketing. Chez Clinique, le nombre de teintes est affiché. « Des teintes pour 98,5 % des nuances de peau et pour 100 % des sous-tons », peut-on lire sur leur site. On en compte 35 dans la gamme principale de Dear Dahlia. Erborian a relancé sa BB crème « universelle », en cinq teintes au lieu d'une. Et les marques indépendantes plus récentes ont également compris qu'elles ne vendaient pas qu'à des Blanches. Certaines proposent aussi des échantillons en plusieurs tons, et non plus ultra pâles. C'est un vrai changement car, il y a une dizaine d'années, beaucoup rechignaient à développer puis à mettre en boutique les tons foncés, qui « ne se vendaient pas », raconte tout le monde en off. Cela signifie, je crois, que les marques considéraient que les femmes racisées n'étaient pas un marché auquel cela valait la peine de s'adresser, en particulier dans le secteur du luxe, qui se disait qu'elles n'avaient de toute façon pas les moyens de se payer leurs produits.

Est-ce que tout a changé ? Non, on n'efface pas des siècles d'histoire d'un coup d'éponge à blender. Le chien de garde du secteur de la beauté, le compte Instagram Estée Laundry, continue d'épingler régulièrement les gammes trop peu adaptées à la diversité des carnations. L'une des nombreuses influenceuses sur le sujet, Cocoa Swatches, dédie spécifiquement son compte aux tests et à la critique des produits pour peaux foncées.

Certaines maisons semblent toutefois ne pas savoir comment traiter le sujet. Un communiqué explique ainsi : « Si certaines marques répondent au désir d'inclusion par des palettes illimitées de teintes, on prend le contre-pied avec une seule teinte de BB crème qui convient à plusieurs types de carnations. En effet, grâce à ses pigments caméléons, la BB crème va pouvoir s'adapter à 5 carnations de peau différentes. Moins de produits lancés sur le marché, c'est moins de déchets accumulés. » Le greenwashing de l'enfer.

En un mot, le marché est en mutation, après des décennies de promotion de la blanchité (c'est-à-dire la blancheur comme construction sociale) par les maisons de make-up occidentales dans le monde entier. L'industrie a longtemps « oublié » ou plutôt invisibilisé et nié les personnes racisées. Aujourd'hui encore, on peut dire que les produits sont en grande majorité conçus par des Blanc·hes pour des Blanches. Il y a peu de mixité au sein des équipes de recherche, les fabricants d'ingrédients testent sur des peaux majoritairement blanches, on pense d'abord aux besoins des peaux blanches et on markette en visant les peaux blanches. Dans les médias, on parle de ces produits en imaginant une lectrice blanche, puisque les équipes sont majoritairement blanches.

Une longue histoire du maquillage blanchissant

La quête du teint pâle est racontée par l'histoire. Au cours de mes recherches, j'ai constaté que la plupart des articles se concentraient sur l'Égypte antique, où l'idéal de blancheur existait déjà. L'historien Guillaume Bouvier écrit : « Les poudres et les fards complétaient la panoplie des moyens utilisés pour estomper les défauts du visage. Les textes médicaux proposent un remède pour les peaux foncées, ternes et abîmées. Sur les peintures murales, on observe ce que les nombreux textes littéraire ou médicaux ont décrit : la peau des Égyptiennes est souvent claire, voire jaunâtre, alors que celle des hommes est plutôt ocre. C'est sans doute une représentation idéalisée, car sur les rives du Nil la carnation des femmes devait majoritairement être assez brune. La statue de Néfret, dont le nom signifie "la belle", [...] est considérée comme l'incarnation de l'idéal de la beauté égyptienne. Néfret est une épouse du prince de la haute société. La pâleur et la luminosité de son teint reflètent son rang et matérialisent les nombreux soins apportés à son corps et à son visage[1]. » Chez les Romain·es et les Grec·ques, la couleur du teint a également une

1 Guillaume Bouvier, « Éloge de la blancheur », in *100 000 ans de beauté*, *op. cit.*

signification. L'historienne Annie Dubourdieu raconte : « La seule coloration acceptable d'une peau masculine est celle que donne la bonne santé assurée par les exercices physiques en plein air. Au contraire, les femmes doivent être le canon d'une beauté citadine et oisive non adonnée aux exercices sportifs ou aux travaux des champs[2]. »

On retrouve cette dichotomie plus tard. « À la cour de France, véritable laboratoire des comportements depuis le XVIe siècle, le teint doit d'abord être blanc, lisse et sans aspérités. Si cette exigence esthétique symbolise les valeurs de la noblesse – la capacité à l'otium, la pureté du sang, la vertu consubstantielle à cet ordre supérieur –, elle répond aussi aux normes d'une organisation sociale et politique qui codifie rigoureusement l'apparence selon le rang[3]. » Il y a de nombreuses raisons au fait de se blanchir le teint, et elles ne sont pas seulement sociales : cette différenciation et cette recherche de la pâleur sont bien documentées en Europe dans les siècles suivants. Pour résumer, elles perdurent jusqu'aux Trente Glorieuses, où la mode du teint hâlé, synonyme de vacances au soleil, renverse la différenciation sociale.

L'histoire de la coloration de la peau est également bien documentée en Asie. En revanche, j'ai eu du mal à trouver une histoire du teint dans le reste du monde. Pour accéder à une histoire du maquillage destiné aux peaux noires, il faut faire un saut dans le temps. Aux États-Unis, il existe de nombreux écrits sur la ségrégation. Pendant cette période,

2 Annie Dubourdieu, « Peinture sur soi », in *ibid.*
3 Catherine Lanoë, « La hiérarchie des couleurs », in *ibid.*

l'accès aux produits de maquillage était plus difficile pour les femmes racisées et, surtout, ces produits étaient destinés à rendre le teint plus pâle. Créé en 1898, Overton Hygienic, la plus grande maison de produits de beauté destinés aux Afro-Américaines, vendait des poudres pour éclaircir le teint et les marketait de cette manière. L'idéal de beauté blanche est présenté comme un moyen d'obtenir de la respectabilité, plus de droits, bref, un moyen de survivre. Chandler Owen, cofondateur du magazine destiné aux Afro-Américain·es *The Messenger*, créé à New York en 1917, résume l'enjeu de manière synthétique en 1924: « Si les Noirs dirigeaient le monde, les Blancs dépenseraient des fortunes pour foncer leur peau et friser leurs cheveux[4]. »

La question du maquillage du teint n'est pas esthétique, mais bien une affaire de droits. Et c'est dans ce contexte que s'inscrit l'histoire de la blackface, soit le grimage, raciste, des Blanc·hes en Noir·es.

L'histoire des produits blanchissants est liée à cette histoire politique et au colorisme. L'idée qu'une femme à la peau claire serait plus belle qu'une femme à la peau foncée imprègne encore aujourd'hui de nombreuses cultures dans le monde entier. Cela explique que le business des produits blanchissants pour la peau, extrêmement dangereux, reste florissant, bien qu'il soit illégal. Certains produits contiennent toujours du mercure, qui peut entraîner de graves problèmes de santé. Le documentaire d'Anuja Premika *India and its UN-FAIR beauty*

4 Cette phrase est citée dans: *Kathy Peiss, Hope in a Jar: The making of America's beauty culture*, University of Pennsylvania Press, 1998.

standards[5] s'intéresse à la situation en Inde. La journaliste explique que le teint *fair*, pâle, est toujours préféré, il est même réclamé dans les petites annonces matrimoniales. La culture Bollywood met d'ailleurs en scène des femmes correspondant à ce critère. Dans les magasins, les teintes plus foncées ne sont pas disponibles, car les revendeurs partent du principe que personne n'en voudra, et les conseillères de beauté proposent du maquillage plus pâle que la peau des femmes.

À l'inverse, une autre forme de racisme émerge en Occident : certain·es influenceur·euses choisissent d'apparaître avec un teint plus foncé que le leur, ou bien modifient la forme de leurs yeux. C'est encore de l'appropriation culturelle : des Blanc·hes qui utilisent d'autres esthétiques pour leur profit.

Pour comprendre l'histoire plus récente du maquillage, je me suis tournée vers Aïmara Coupet, fondatrice de la marque Be+Radiance, qui fait figure d'autorité dans le milieu du teint. Elle a travaillé pour Sephora, black|Up, conseillé toute la planète maquillage et est considérée comme une experte des fonds de teint, avec une certaine obsession : elle raconte qu'à une époque elle s'exerçait à trouver mentalement la teinte de chaque personne qui se trouvait dans son wagon de métro. Elle se souvient surtout de sa mère, martiniquaise, qui cherchait désespérément à se procurer un rouge à lèvres rouge. « Sur sa peau, rien n'apparaissait rouge : elle ne se maquillait donc pas. Ma

5 https://www.youtube.com/watch?v=k47Hj994xN4

sœur, avec sa peau olive, ne trouvait rien pour elle non plus. » Et les vendeuses fuyaient discrètement, car elles ne savaient pas les conseiller.

Je lui ai demandé de me retracer les grandes lignes de cette histoire. Scoop : tout se passe aux États-Unis. En 1973, Eunice Johnson, créatrice du magazine *Ebony Fashion Fair*, lance la ligne de cosmétiques destinés aux peaux noires Fashion Fair, qui existe toujours. Covergirl et Revlon proposent aussi du maquillage pour les peaux riches en mélanine. Mais ce sont les années 1990 qui changent tout : en 1991, Bobbi Brown, une make-up artist étasunienne, a été la première à formuler des produits avec des pigments jaunes. Elle lance sa marque et crée ainsi un nouveau nuancier. M·A·C arrive à la même époque dans les grands magasins, avec RuPaul comme égérie, propose les tons « chauds » et « froids », *warm* ou *cool*, et crée l'iconique fond de teint Studio Fix, disponible en 63 nuances aujourd'hui. Iman Bowie fonde Iman Cosmetics, qui offre aussi des produits de qualité. En France, black|Up est lancée à cette période pour être une sorte de Make Up For Ever pour les peaux foncées. Chez Estée Lauder, le fameux Double Wear est sorti en 1997, avec de très nombreuses teintes. Lancôme en proposait aussi une large gamme.

« Des choses existaient, oui, raconte Aïmara Coupet. Mais beaucoup n'étaient pas terribles. Même le Studio Fix, avec sa texture lourde et parfois blanchissante, était régulièrement critiqué dans les enquêtes auprès des consommatrices. J'ai aussi observé des nuanciers déséquilibrés, avec 25 teintes beiges, et des trous flagrants au sein des coloris foncés, comme si on oubliait des continents tout entiers. Il y avait parfois des manques de subtilité, avec au contraire des teintes contenant beaucoup trop de pigment noir, ça ressortait gris sur la peau. » Plus récemment, quand certaines marques anglaises se sont lancées hors Grande-Bretagne, elles ont dû se mettre à niveau, pour que les formules conviennent à toutes les consommatrices.

Si tout a commencé aux États-Unis, c'est parce que les faiseurs de beauté ont rapidement mis le doigt sur l'opportunité économique que représentait l'émancipation des Noir·es et la naissance du mouvement Black is Beautiful, au début des années soixante. Les études montrent régulièrement que les femmes noires consacrent une partie plus importante de leur budget aux produits de beauté (quatre à dix fois plus que les Blanches) : pour les produits capillaires, en premier lieu, mais aussi pour les autres.

Les besoins de ces consommatrices ne sont pourtant toujours pas comblés. Début 2022, le Black Pound Report, un rapport sur le pouvoir d'achat des consommateur·rices noir·es, asiatiques et multi-ethniques au Royaume-Uni, établissait que l'industrie cosmétique britannique passait à côté de 4,5 milliards de livres chaque année, à cause du manque de produits à destination des consommateur·rices non blanc·hes. En France, Kelly Njike, la fondatrice de la marque de rouges Melayci, a réalisé une étude auprès de 200 femmes noires en 2018 : 73 % éprouvaient des difficultés à trouver un produit qui leur convenait et 82 % ne se retrouvaient pas dans les valeurs des marques du marché.

On ne peut pas finir ce rapide survol sans mentionner Pat McGrath, qui fait partie de la poignée de maquilleuses les plus importantes, respectées et connues du monde.

Elle règne sur les défilés depuis une trentaine d'années, elle a reçu une flopée de prix prestigieux et est incontournable. Il me semble qu'elle est la seule femme noire aussi puissante et médiatisée dans l'industrie du maquillage. En 2019, elle a lancé sa gamme, qui est devenue la plus vendue de l'histoire chez Selfridges & Co. Connue pour son travail très coloré, elle a d'abord proposé des kits pour les lèvres, qui contenaient deux rouges à mélanger, un gloss transparent façon vinyle, une poudre dorée et un pot de paillettes à appliquer sur les lèvres. Les best-sellers de sa gamme sont de très grandes palettes de fards pour les yeux, permettant d'obtenir des résultats dignes de ses créations destinées aux défilés.

Aïmara Coupet me fait également remarquer qu'une autre femme a changé la façon dont on voit le teint : Kim Kardashian. Cette dernière a largement médiatisé le contouring et a montré que cette technique donnait une autre dimension aux peaux noires. Les médias étasuniens jugent que le clan Kardashian a désormais abandonné l'esthétique de la blackness, qu'il s'était approprié, au moment où Kim Kardashian lance une gamme de soins orientée vers la wellness, un domaine trusté par les Blanc·hes. Cela n'est qu'un exemple de la façon dont le corps est traité comme une tendance et une denrée commerciale, aussi interchangeable qu'un mascara.

Formuler un fond de teint, une entreprise périlleuse

A priori, créer des produits pour tout le monde ne devrait pas être si compliqué. Et pourtant : il faut d'abord proposer des couleurs en fonction du sous-ton de la peau, c'est-à-dire la couleur de l'épiderme qui ne varie pas en fonction des UV. On distingue en général les sous-tons froids (rose ou bleu), les chauds (doré, cuivré ou jaune) et les neutres, entre les deux. Il faut aussi comprendre comment les pigments se comportent sur l'épiderme et comment ils réagissent entre eux dans la formule.

Pour saisir les enjeux de la conception, il faut savoir que la majorité du maquillage mondial est produite dans les mêmes usines, dans un secteur d'une centaine de kilomètres en Lombardie, la région de Milan. On estime que cette « Make-up Valley » produit encore 65 % du maquillage dans le monde. Des géants comme Kiko y sont implantés, tout comme des entreprises familiales plus petites.

Aïmara Coupet me raconte qu'elle s'est adressée en 2011 aux labos italiens, qui fabriquent des produits pour le monde entier, et qu'elle est tombée des nues en apprenant que personne n'avait d'expertise sur les peaux noires. Aucun produit n'est testé sur ces peaux. Elle décide de s'atteler à la tâche et met un an à oser produire une formule. « Les fonds de teints contiennent environ vingt-cinq ingrédients, c'est beaucoup ! Il ne faut pas seulement maîtriser le dosage entre certains pigments pour obtenir une couleur. Quand la dose de dioxyde de titane est trop élevée, par exemple, les pigments réagissent ensemble et cela modifie le rendu. Parfois, on commence aussi par créer une base grise ou blanche et on espère que les pigments vont se poser dessus. Mais ils ne réagissent pas de la même façon sur tous les épidermes. Par ailleurs, les pigments floutants, très populaires depuis les années 2000, sont blanchissants sur les peaux noires. Et les nacres présents dans les enlumineurs sont aussi plus voyants. » Bref, créer un fond de teint, ce n'est pas créer une couleur, c'est produire un voile qui va sublimer la peau. Et cela suppose une expertise rare. Trop de pigments rouges, jaunes ou bleus, et les produits peuvent paraître gris ou blanchâtres sur des peaux foncées, olive ou mates. « Les maisons évoluent lentement, se désole-t-elle. Au sein des équipes marketing et formulation, on oublie que pour réussir un produit de teint, il faut d'abord demander aux make-up artists comment ils maquillent et quels résultats ils veulent obtenir. J'observe certaines marques sortir plus de teintes, mais le résultat sur la peau n'est pas toujours réussi. »

Comme toujours, ce sont les *indie brands*, ces marques indépendantes, qui ont fait bouger le marché. Proches des consommateur·rices, elles exercent une pression sur les grands groupes, qui finissent par les racheter ou copier celles qui ont du succès. Dans le cas qui nous intéresse, c'est à peu près toujours la même histoire qui mène à la naissance de nouvelles lignes, celles de femmes racisées qui ne trouvaient pas le produit qui leur convenait.

L'exemple parfait, c'est Live Tinted : en 2015, Deepica Mutyala, originaire d'Asie du Sud, publie une vidéo Instagram dans laquelle elle dévoile un *beauty hack* : elle utilise un rouge à lèvres rouge comme anticernes. Quatre ans plus tard, elle lance Live Tinted, dont le premier produit est un stick qui corrige les différences de pigmentation, à utiliser avant d'appliquer un fond de teint.

Les exemples de success stories ne sont pas nombreux dans le secteur du fond de teint. On préfère en général lancer du rouge à lèvres. « Un fond de teint, c'est très compliqué puisqu'il y a énormément d'attentes sur les textures : tout le monde ne souhaite pas la même couvrance, par exemple, rappelle Aïmara Coupet. Il faut également créer beaucoup de teintes, donc avoir beaucoup de stocks, sachant que certaines vont mieux se vendre que d'autres. Bref, c'est une gestion complexe. D'autant qu'il est souvent nécessaire de fabriquer de grandes quantités de produits pour garantir une homogénéité parfaite des formules. Les petits lots sont plus compliqués à faire. » Pour des raisons budgétaires, elle-même n'a sorti que 17 coloris dans sa ligne.

Le dernier ingrédient pour réussir à proposer une gamme qui tient la route, c'est « l'arc-en-ciel » de teintes, qui doit être structuré. « Il faut avoir vu beaucoup de peaux, poursuit Aïmara Coupet. Quand j'ai repris black|Up, il a fallu que je m'exerce, que je crée des familles de teintes, que je comprenne les sous-tons. Quand j'ai travaillé pour Uoma Beauty, je me suis enfermée dans un hôtel avec une make-up artist pendant trois jours. On a appliqué les produits sur 250 personnes. »

Souvent, les *indie brands* lancent donc d'abord un rouge à lèvres, bien plus facile à formuler. Parmi les succès, on compte Mented, créé par KJ Miller et Amanda E. Johnson, deux Afro-Américaines qui voulaient trouver leur teinte de rouge « nude ». La Britannique Florence Adepoju, a fondé en 2013 la marque MDM Flow, une gamme de rouges à lèvres aux couleurs ultra pigmentées, car elle ne trouvait pas de lipstick adapté à sa carnation. En France, Kelly Njike a lancé Melayci en 2018. « On assiste à un vrai mouvement.

Les afro-descendants créent eux-mêmes des choses qui manquent, portés par une double volonté : celle d'être représentés et celle d'agir », m'explique-t-elle. Concernant les rouges à lèvres, c'est le taux de pigment qui est crucial. « Souvent, quand on est noire, on doit passer cinq ou six couches pour obtenir la couleur du raisin sur les lèvres. J'ai fait en sorte que l'exacte teinte du stick se dépose sur la peau dès le premier passage. L'inconvénient, c'est que les pigments ont un effet asséchant, il faut donc équilibrer avec des huiles qui apportent du confort, comme l'huile de jojoba. » Cette concentration de pigments, c'est le nerf de la guerre, un secret de fabrication que personne ne révèle. Pour différencier sa gamme, elle a orienté sa communication sur un maquillage « sublimant, et non pas un make-up qui transforme, ce qui est souvent le cas des lignes destinées aux non-Blanches ». Kelly Njike rêve désormais de créer un fond de teint avec une protection solaire intégrée. « Aujourd'hui encore, au sein de la communauté noire, l'idée reçue que l'on n'a pas besoin de se protéger du soleil est toujours très ancrée », regrette-t-elle.

Transformer les maisons

L'ensemble des personnes à qui j'ai parlé regrette le manque de diversité dans les équipes qui créent les produits. La diversité est pourtant le moyen le plus souvent cité pour proposer des produits adéquats. En juin 2020, dans le contexte du mouvement Black Lives Matter, la CEO de Uoma Beauty, Sharon Chuter, a créé le mouvement Pull Up or Shut Up, pour inciter les marques de beauté à publier le nombre d'employé·es noir·es au sein de leurs équipes et appeler au boycott de celles qui ne le faisaient pas. Plusieurs l'ont fait, comme Glossier, Sephora ou la branche étasunienne de L'Oréal. Les chiffres montrent que le chemin vers le progrès est encore long. L'expérience de Kelly Njike est éclairante : « À la suite d'un voyage aux États-Unis, j'ai remarqué que l'on est très à la traîne en France. Il faut de la représentation au sein des équipes marketing, c'est crucial pour comprendre les attentes et les besoins précis de la cible. Mais les carrières restent très fermées. Pour obtenir un poste où l'on crée un rouge à lèvres, il faut avoir démarré par un stage sur la catégorie rouge à lèvres juste à la sortie de l'école. On le voit en lisant les fiches de postes dans la cosmétique, c'est un milieu clos. Cela commence à changer doucement. On voit de très jeunes entreprises lancées par des personnes ayant d'autres expériences. C'est un facteur important pour amener une ouverture d'esprit et une vision différente du marché. »

Pour Aïmara Coupet, le futur réside dans l'innovation au service de tous·tes. Elle a sorti sa gamme lorsqu'un laboratoire lui a proposé une alternative aux silicones à base d'eau de concombre. « Sur les peaux mixtes ou grasses, le silicone n'est pas recommandé : c'est désagréable, ça gratte, et ça fait parfois suinter le sébum. » L'utilisation des silicones, et leurs effets sur la peau, est un point de débat dans l'industrie. Ils ne sont pas forcément occlusifs, malgré leur mauvaise réputation : cela dépend du type utilisé, de la finesse des gouttes de silicone en suspension... Bref, la formulation est une science complexe. En revanche, une chose est sûre, superposer des produits à forte teneur en silicone – comme une base de teint, un fond de teint, un correcteur, puis un blush et une poudre – ne convient pas à toutes les peaux. « La solution, c'est de replacer l'innovation au centre des gammes et de proposer des teintes très performantes pour tout le monde, et non des extensions de gammes peu réussies. Il faut en finir avec le discours ethnique. » La réussite de ces deux lignes, Be+Radiance et Melayci, tient aussi au fait qu'elles proposent des formules « clean » – un secteur qui a explosé ces dernières années, mais qui a longtemps mis de côté les consommatrices racisées. Selon Aïmara Coupet, ses produits ont du succès aux Antilles car elle est l'une des seules à y proposer des formules à haute naturalité.

Le cas français et la peur du communautarisme

En France, la conversation, quand elle existe, est calquée sur les discours des marques étasuniennes. Il n'y a pas eu de Black is Beautiful à la française, écrivait Alice Pfeiffer dans *Je ne suis pas parisienne*. Dans le secteur de la beauté, le sujet est même tabou. La conversation est verrouillée car on ne dispose pas de statistiques ethniques précises. Lors d'une interview pour *Stylist*, Noelly Michoux, une des fondatrices françaises de la marque 456 skin, à destination des phototypes les plus foncés, 4, 5 et 6, m'expliquait que ses fondateur·rices avaient d'abord imaginé la commercialiser en France. Ils l'ont finalement vendue en Grande-Bretagne, pour diverses raisons, dont le fait que le pays dispose de statistiques ethniques. Elle regrettait qu'en France on ne sache pas bien à qui l'on s'adresse, avec peu de données sur les nuances de peaux : quel est le taux de personnes métissées, celles qui viennent d'Afrique, du Moyen-Orient ou d'Asie du Sud-Est, par exemple ? Au-delà de cette absence de données fines, l'idée même de créer une marque destinée à une communauté tend et crispe. Rappelez-vous : en août 2020, le collectif de soignant·es Globule noir avait partagé sur Twitter une liste de soignant·es noir·es, créée par une patiente lassée de subir des discriminations de la part des médecins. Le tweet avait été largement médiatisé : la LICRA avait qualifié l'idée de « folie identitaire ». Le Conseil national de l'ordre des médecins et celui des infirmiers s'étaient également fendus d'un communiqué condamnant l'initiative. La liste n'est plus disponible. Alors que l'on trouve facilement des listes de médecins « bienveillants » sur Internet. Je cite cet exemple car les industries de la beauté et du bien-être gagnent sans cesse du terrain sur le secteur de la santé physique comme mentale.

Cette tension française est visible également dans le vocabulaire que l'on emploie. Comment nommer les peaux non blanches ? En France, cela a parfois été compliqué. On a longtemps utilisé le mot « ethnique », mais il a déserté les campagnes des marques depuis la vague de reproches adressés à Sephora en 2017, à la suite de la mise en place d'un corner « teint ethnique ». On a également beaucoup parlé du mouvement « nappy », un terme qui désigne les cheveux crépus, discriminatoire aussi. Et que dire des teintes « nude », qui, pendant longtemps, ont désigné les nuances beige clair ? Choisir un terme est un casse-tête, selon Noelly Michoux : « On a choisi de ne pas réduire la terminologie à une seule couleur – toutes les peaux auxquelles on s'adresse ne sont pas noires – et de ne pas employer un terme qui a des racines historiques et sociales compliquées – comme le *women of color* étasunien. On essaye de se rapprocher de la réalité physiologique. » J'avais décidé d'utiliser les mêmes termes qu'elle : « peaux mélaniques », pas parfait car toutes les peaux en contiennent, ou « peaux riches en mélanine », imprécis. D'autres seront sans doute créés au fil des évolutions de l'industrie.

Les outils permettant de catégoriser les teintes de peaux sont aussi inadaptés, et c'est un problème qui ne touche pas que le maquillage. La médecine utilise la classification de Fitzpatrick, qui sépare les teintes en six phototypes. Elle classe les nuances en fonction de leur sensibilité aux UV, pas de leur teneur en pigments. Une distinction obsolète dénoncée par certain·es soignant·es, dont le médecin Neil Singh, qui a publié en 2020 une lettre ouverte dans le *Guardian* où il fait un plaidoyer pour « décoloniser la dermatologie ». Dans ce long article, il explique que les personnes aux phototypes élevés sont moins bien soignées que les personnes blanches, notamment car les médecins ne sont pas formés à établir des diagnostics sur les peaux noires. (Évidemment, ce point fait débat, certain·es professionnel·les affirmant que la couleur de peau n'influe pas sur leur capacité à établir un diagnostic exact.) Au sein de l'industrie de la beauté, le même reproche a parfois été fait aux formations de make-up artists et d'esthéticiennes.

Communiquer ou changer ?

Une chose a évolué : la problématique de la représentation a été entendue. Les marques ont été plus rapides à communiquer qu'à muter profondément. Il y a quelques années, seules des méga stars décrochaient des contrats, à l'image de Lupita Nyong'o, chez Lancôme. On les retrouve toujours, pensez à Zendaya dans la même maison, Zoë Kravitz chez Yves Saint Laurent, Naomi Campbell chez Pat McGrath et NARS, Cindy Bruna et Viola Davis chez L'Oréal Paris. On pourrait aussi citer la top Adwoa Aboah chez Rimmel, Tina Kunakey chez Make Up For Ever, Yara Shahidi chez Bobbi Brown, Anok Ai et Joan Smalls chez Estée Lauder, Akon Changkou chez Chanel... Si les maisons n'embauchaient que les femmes noires plus connues que leurs consœurs blanches, on observe aujourd'hui des noms moins célèbres, chez Revlon, Zara Beauty, Hermès, ou d'autres marques. Les tops non blanches égéries pour du maquillage ne se comptent plus sur les doigts d'une main.

Quand on observe les campagnes, on remarque que les maisons de beauté embauchent en général plusieurs mannequins pour incarner une gamme. Parmi elles, on retrouve presque systématiquement une Blanche, une Noire et une Asiatique. C'est une vision caricaturale de la diversité, qui est surtout une manière pour les marques de « cocher des cases » pour ne pas se faire épingler sur les réseaux sociaux. On peut considérer que c'est une version modernisée du *token*, la top racisée qui sert de caution dans un océan de Blanches. Lorsque j'ai écrit un article sur le sujet pour le lancement de Fenty Beauty en 2017, les expertes interrogées regrettaient que les maisons considèrent parfois la diversité comme une tendance qu'elles oubliaient quelques saisons plus tard. Elles étaient plutôt sceptiques quant à un changement en profondeur. Cette fois-ci, les personnes avec qui j'ai échangé m'ont toutes répondu qu'elles étaient convaincues que les nouvelles générations de consommateur·rices sont bien plus sensibles que leurs aînées et que le retour en arrière ne leur semblait pas possible. « Pour le moment, la vision de la diversité est très conditionnée par la peur de faire un bad buzz, analyse Violette. Les marques sont terrorisées, donc elles se contentent de cocher des cases. C'est déjà bien, mais c'est une vision assez étriquée. Il faudrait aussi montrer des femmes d'âges différents, de poids différents, ou des femmes voilées, par exemple. Selon moi, nous sommes simplement au début d'une plus grande recherche de représentation. Cela ne veut pas dire qu'on peut représenter tout le monde au même moment, mais je pense qu'au fil des campagnes on verra plus de profils différents. »

D'un point de vue franco-français, une chose est frappante : on voit très peu de mannequins d'origine maghrébine. Les marques de beauté ne représentent pas la société française, mais répondent à un prisme, c'est tout. Un article paru dans *Le Monde*[6] examine les causes, complexes, de cette attitude. L'une d'entre elles est l'absence d'agences de mannequins locales, dont le travail est de repérer les futures tops, au Maghreb et au Moyen-Orient. D'autres raisons sont culturelles, comme le rapport au corps, plus pudique dans les pays musulmans. Puisqu'il y a peu de

---

6 Valentin Pérez, « Ali, Nazim, Nour, Shahed… les grands absents de la mode », *Le Monde*, 9 avril 2022.

mannequins, il y a aussi peu de demandes de la part des marques ou des médias. Enfin, certain·es ne veulent pas d'égérie arabe, pour ne pas « faire peur » au consommateur·rice ou lecteur·rice.

Il y a quelques années, Daniel Martin, un make-up artist de renommée internationale, me faisait également remarquer que les tops asiatiques connues internationalement, celles que l'on voit dans les publicités et sur les podiums, ont systématiquement la peau pâle. Ce n'est pas représentatif de la population des pays asiatiques. On assiste donc à une progression de la diversité normée et cadenassée.

Des consommatrices de seconde zone ?

Revenons-en à Rihanna : l'un des aspects notables de sa stratégie est la disponibilité de toutes les teintes dans tous les magasins. Ce n'est pas un détail. Il y a quelques années, les expertes que j'interviewais relevaient souvent que les revendeurs ne sélectionnaient que les couleurs les plus rentables et donc que, même si les produits existaient, les consommatrices n'y avaient pas forcément accès ou ne pouvaient pas les tester. C'est toujours le cas dans certaines boutiques, mais la vente en ligne a explosé. Et les influenceuses permettent aussi de se faire une idée des teintes « en vrai ». Depuis Black Lives Matter, plusieurs eshops ont ouvert avec pour ambition de devenir les « Sephora des peaux noires » au Royaume-Uni et aux États-Unis. Dans le même temps, la designer Aurora James a incité certains revendeurs à dédier 15 % de leur espace aux marques fondées par des Noir·es. Ces initiatives démontrent-elles un changement profond ? Pas forcément. Certains magasins de Target, une chaîne de grande surface nord-américaine, ont récemment posé des antivols sur les coloris foncés de fond de teint. Les versions claires, elles, étaient à la portée de tous·tes[7].

À l'heure des achats en ligne, on pourrait se dire que les choses vont s'améliorer : tout est disponible sur Internet, tout le monde peut y trouver sa teinte. Mais encore faut-il que la photo soit représentative de la couleur réelle. Une influenceuse a récemment publié une vidéo où elle montre qu'elle a acheté un produit qui paraissait marron sur un site, mais se retrouve quasi rouge une fois appliqué. La question est prise au sérieux par les grands groupes. Au salon Viva Technology de 2021, LVMH a ainsi présenté MCIQ, « un outil de correspondance du teint doté d'une technologie d'intelligence artificielle exclusive ». Je n'ai pas encore eu l'occasion de le tester, mais voici un extrait du communiqué de presse du produit : « Tenant déjà compte de la profondeur et du sous-ton, la nouvelle technologie de Sephora inclut un élément essentiel, la saturation. Pour garantir une correspondance personnalisée, la technologie utilise un algorithme impartial avec un ensemble de données de plus de 10 000 teintes de peau. » Make Up For Ever mise aussi sur l'intelligence artificielle pour aider les consommateur·rices à trouver la teinte parfaite. La marque sort cette année Morpho, un service disponible sur le site et en boutique, destiné à trouver les meilleurs

7 Lillian Gissen, « New Yorker accuses Target of RACISM after discovering a store had locked up darker shades of makeup in security boxes – while the lighter shades were left totally unprotected », *The Daily Mail*, 6 avril 2022.

produits pour le teint, mais aussi à corriger les cernes et les imperfections, avec des conseils d'application. L'appli a été entraînée pendant six mois sur tous les teints. Ce n'est pas un détail, la première machine destinée à analyser la peau que j'ai testée confondait la peau d'une personne noire avec une tache pigmentaire…

La question de la diversité ne peut être envisagée sans faire de lien avec l'industrie de la mode : l'enjeu actuel est d'augmenter la diversité sur les podiums et backstage, de proposer des glam squads (équipes) en mesure de coiffer et maquiller toutes les mannequins. En 2015, la mannequin Nykhor Paul avait dénoncé le fait que les make-up artists n'avaient bien souvent aucun produit adapté pour la maquiller avant les défilés. Sa plainte avait eu un large retentissement. Plus récemment, j'interviewais Mimi Quiquine, une maquilleuse new-yorkaise, qui me racontait que les mannequins non blanches la réclamaient systématiquement sur les défilés car elle était réputée pour son expertise sur tous les teints. Elle avait régulièrement l'impression d'être la seule de la cabine à savoir maquiller tout le monde. Là encore, les expertes me répondent souvent que c'est la formation qui pèche. Le changement est lent. Aux États-Unis comme en France, plusieurs maquilleur·euses avaient pour projet de créer des formations gratuites, mais cela prend du temps. Certaines agences proposent aussi des programmes de mentoring. Interrogé sur le sujet, Vincent de Monfreid, le directeur de la pédagogie à l'académie Make Up For Ever, répond : « Cela s'explique par la rapidité de la formation, qui dure en général un an. Dans le métier, on dit que pour être vraiment professionnel·le, il faut cinq à dix ans. C'est vrai que certain·es sortent de l'école en étant moins à l'aise sur certains teints. Mais il existe des formations courtes pour se remettre à niveau. »

Les choses évoluent notamment grâce aux nombreux·ses militant·es qui appellent à décoloniser la beauté. « Cela fait des décennies que les communautés marginalisées cherchent à mettre l'industrie de la beauté face à ses responsabilités quant à la perpétuation de normes de beauté eurocentrées, avec le mouvement Black is Beautiful, par exemple, me rappelle Alok Vaid-Menon, artiste non binaire et militant·e pour dégenrer l'industrie de la mode. Aujourd'hui, ces critiques sont de plus en plus répandues. C'est important de comprendre que ce n'est pas une question politique, c'est une question d'honnêteté. Les personnes de différentes couleurs de peau et de beautés différentes existent, et l'industrie devrait les représenter. Il est d'ailleurs troublant de constater que nous avons transformé cette vérité factuelle en fait politique, et que certain·es en ont peur. Il est nécessaire de prendre conscience que cette peur est ancrée dans le racisme. Et l'industrie de la beauté devrait prendre une décision : va-t-elle perpétuer le racisme ou contribuer à y mettre fin ? »

Le maquillage ne nous rassemble pas, il nous divise, particulièrement en France, où la question du communautarisme hérisse. Si le maquillage halal, un marché loin d'être anecdotique, existe, il est quasiment absent des médias. Certes, il est surtout développé hors d'Europe, mais les perspectives de croissance sont de l'ordre de 15 % par an d'ici 2031, selon le bureau Allied Market Research. Cela s'explique par la prévision de l'accroissement des populations jeunes et musulmanes, notamment en Arabie saoudite, en Indonésie, en Malaise ou en Turquie. Parmi les caractéristiques de ces produits halals, les vernis doivent être formulés de façon spécifique : ils ne doivent pas être occlusifs car l'eau doit pouvoir toucher les ongles lors des ablutions. De nombreuses marques proposent des formules destinées précisément aux femmes musulmanes, il existe même un eshop, Halal beauté, dédié uniquement à ces lignes. Pourtant, le secteur est totalement invisibilisé.

Est-ce si important, cette histoire de teinte ? Une des remarques entendues sur le sujet est celle-ci : chaque personne naît avec sa teinte, aussi unique que son matériel génétique. Dans ce contexte, créer le bon fond de teint pour chacun·e est de l'ordre de l'impossible. La route est sans fin et le projet, vain.

Pourtant, on peut décider d'y voir une opportunité passionnante. Après tout, combien de rouges sortent chaque année en nous promettant une teinte différente de la saison dernière ? L'idée que l'on a pendant si longtemps mis à disposition des femmes une infinité de nuances pour leurs lèvres mais très peu pour leur peau est la preuve qu'il ne s'agit pas d'un enjeu esthétique, mais bien sociétal.

Aujourd'hui, l'idée qu'il faut s'adapter à toutes les couleurs de peau est à son tour devenue incontournable dans le secteur des soins : plusieurs marques françaises annoncent en fanfare qu'elles cherchent à tester leurs sérums et autres crèmes (avant la mise sur le marché) sur un plus grand nombre de couleurs de peau. Elles n'ont de toute façon pas le choix, pressées par les *indie brands* et les consommateur·rices. Elles ne font que s'adapter à nos désirs, pour ne pas paraître dépassées dans cinq ou dix ans.

5. LA TRISTE DESTINÉE DU GUYLINER : DU MAQUILLAGE DÉSESPÉRÉMENT GENRÉ

I'm a guy
Don't be surprised
If I take my time to glamorise
No reason why
I can't try
To line my eyes
It feels so right

Yeah, you know I'm wearing
(Guyliner) Yeah, and everybody's staring
(Guyliner) This is the real me baby, and this ain't no disguise
(Guyliner) Ooh, ooh, under my eyes

Dorian Electra, *Guyliner*

En 2020, vous êtes peut-être passé·es, comme moi, à côté de *Guyliner*, de l'artiste non binaire Dorian Electra. La chanson décrit la violence subie par Dorian lorsqu'iel se maquille.

L'artiste rend hommage à la culture emo des années 2000. « Un moment où on acceptait que les hommes portent des pantalons moulants de fille, du maquillage, des coiffures folles, et soient flamboyants[1] », se souvient-iel dans un

1 Ernesto Macias, « The Dorian Electra guide to the perfect guyliner », *Interview*, 25 mars 2020.

entretien à *Interview* en 2020. Iel invente (ou utilise, la naissance du néologisme est floue) ce terme, la contraction de *guy* (mec) et *eyeliner*. Dorian Electra souligne ainsi que c'est toujours considéré comme étrange qu'un homme mette du maquillage. Cela suscite de la curiosité, des interrogations, de la violence, de la haine, parfois jusqu'à la mort.

C'est dans ce contexte que l'industrie cosmétique ignore le maquillage pour hommes. Depuis l'industrialisation, rien n'a changé, ou presque. Les hommes se maquillent-ils ? Se maquilleront-ils dans le futur ? La débinarisation de la société autour du masculin et du féminin permettra peut-être à tous·tes de se maquiller sans crainte ? Est-ce que nous sommes aux prémices d'un basculement ?

Le site Auféminin.com publiait fin 2021 les résultats d'un sondage réalisé auprès de 1431 Français·es sur la masculinité. Les réponses décrivent une société encore très marquée par les deux genres, mais les personnes interrogées perçoivent ceux-ci comme limitants : 67 % déclarent qu'il est encore difficile pour un homme d'avoir des attributs considérés comme féminins. Pour 68 %, il est très difficile de sortir du cadre associé à son genre. La moitié pense que pleurer est difficile pour un homme. Mais les sondé·es décrivent tout de même des évolutions à venir. 79 % estiment que les hommes ne sont pas obligés d'être virils et 77 % qu'il faut « sortir des critères traditionnels pour définir l'identité d'une personne ». En revanche, seuls 29 % jugent que la remise en question du modèle traditionnel de la masculinité et le développement de nouvelles masculinités sont des évolutions nécessaires. Et sur le sujet qui nous intéresse ? 37 % des interrogé·es pensent que les hommes se maquilleront un jour. Mais la phrase est énigmatique : « un jour » dans leur vie ou « un jour » dans les siècles à venir ? Et surtout, comment a-t-on répondu selon les âges ? Cette information n'est pas donnée. Quoi qu'il en soit, le sujet semble faire son chemin. Une autre étude menée en 2021 sur 2 000 Étasuniens montrait qu'un tiers des moins de trente ans envisagent d'essayer du maquillage, alors que ce taux n'est que de 23 % dans les autres catégories d'âge. Quelques mois plus tard, le site de GQ India titrait : « 5 produits de maquillage que tous les hommes devraient posséder. »

Au début de ma vingtaine, j'ai fréquenté un homme, dont ma mémoire a effacé le prénom, mais je me souviens qu'il y avait, dans sa salle de bains, du monoï pailleté qu'il portait parfois. Les seules informations que mon cerveau a jugé dignes d'être conservées sont ces quelques poussières de glitter qui flottaient dans l'huile. Nous sommes conditionné·es par la masculinité caricaturale.

Des Égyptiens aux métrosexuels, une histoire en pointillés

Les hommes se maquillent pourtant en Occident, c'est d'ailleurs une sorte de serpent de mer en cosmétique. Dès que vous cherchez des informations sur le sujet, les chiffres sont alléchants : on projette des augmentations de part de marché à deux chiffres (il faut dire que, pour le moment, cette part est petite) et des milliards en perspective. Bref, on a l'impression que l'on est à l'aube d'un changement radical. Dans les faits, en France, c'est plus mou. La part des soins pour les hommes devrait augmenter de 8 % d'ici 2031. Prévisions toutes relatives, car cette catégorie regroupe les soins pour la peau et les cheveux, mais aussi le rasage. Pas une révolution, donc, mais certainement « un relais de croissance » pour les marques.

Le rapport « Connecting the Dots 2022 », publié fin 2021 par l'agence GWI et basé sur les réponses de 700 000 personnes dans 41 pays, note un intérêt grandissant pour la beauté masculine, qui ne se traduit pas forcément par des achats. L'intérêt des hommes pour la beauté et les cosmétiques a augmenté de 21 % entre 2018 et 2021, avec des pics durant les confinements. En France, si la pandémie n'a pas entraîné une hausse de la demande en soins et en grooming masculins, celle-ci n'a pas baissé pour autant, contrairement à celle des rasoirs pour femmes, par exemple. Une explication possible évoquée par les experts est la multiplication des visioconférences : les hommes ont été confrontés à leur image en permanence et auraient donc fait plus attention à leur visage. Le rapport conclut que, depuis la pandémie, les hommes font partie de l'audience à laquelle les marques de beauté doivent s'adresser. Il recommande d'adapter les messages à une cible non genrée, de former les vendeur·euses en boutique sur les produits à destination des hommes. L'agence GWI note aussi que le secteur de la beauté masculine comporte encore des « besoins sans réponses » : bref, le champ des innovations est ouvert.

Au-delà des soins pour la peau, les hommes qui se maquillent existent-ils ? Évidemment, on en trouve des traces dans l'histoire. Sur le sujet, on cite à peu près toujours les mêmes exemples : les Égyptiens et le khôl, la cour des rois de France, et David Bowie. J'exagère à peine. En résumant, on pourrait dire que le maquillage n'a pas toujours été aussi genré qu'aujourd'hui, mais c'est sans doute parce qu'au-delà du simple embellissement il permettait de préserver la santé. Le khôl des Égyptiens protégeait leurs yeux des bactéries, les couches de poudres pour le teint masquaient le manque d'hygiène et les maladies de peau. Mais ils n'ont droit qu'à des bouts de paragraphes dans les ouvrages historiques. Je n'ai pas trouvé de date à partir de laquelle on associe de façon aussi péremptoire qu'à notre époque le maquillage à l'expression de la féminité. Mais l'idée que la cour des rois de France était aussi poudrée qu'un épisode de *RuPaul's Drag Race* est fausse. Dans un manuel de bonne tenue destiné à Louis XIV, on mettait déjà le roi en garde pour qu'il ne se maquille pas trop, rappelle l'historien Stanis Perez, qui écrit qu'à la fin du XVIIe siècle, « le souci de soi et le pouvoir de séduction ne doivent pas franchir les limites de la bienséance et de la stricte masculinité. Point de fards et de poudre, peu de parfum et peu de dentelle, de l'exercice tant qu'il plaira. Voilà les conseils de beauté à l'usage d'un roi de France[2] ».

Lorsque le maquillage s'est industrialisé, il a été clairement vendu aux femmes. Dans un contexte global où la binarité des sexes a été théorisée et martelée par les penseurs au fil des siècles en Europe, il ne pouvait pas vraiment en être autrement. Les hommes hétérosexuels qui se sont maquillés au cours des dernières décennies l'ont fait

2 Stanis Perez, « Beauté solaire », article cité.

pour questionner le genre – en général sur scène – ou signifier leur appartenance à un groupe social hors de la norme : les punks, les rockeurs, ou les « loubards ». « On n'a pas l'air virils mais on fait peur à voir/Des gars qui se maquillent/ Ça fait rire les passants », chante Daniel Balavoine en 1981. Mais même le « métrosexuel » des années 2000, le mec cis-hétéro qui prend soin de lui, n'a pas réussi à démocratiser le maquillage masculin. Sur les tapis rouges, on peut citer Jared Leto, qui arbore de temps en temps du khôl.

Dans l'histoire queer, et précisément dans la culture gay masculine, le maquillage a une place plus importante : les observateur·rices s'accordent à dire que les paillettes ont par exemple été utilisées comme signifiant gay depuis leur invention dans les années 1930, notamment car elles rendent visibles, elles prennent la lumière, ce qui est une forme de revendication, à la fois commune et intime, dans une histoire où, pour être *safe*, il avait longtemps fallu être invisible[3]. En 2011, les paillettes ont même été utilisées par des groupuscules militants (dont l'un se nomme Glitterati) afin d'arroser les hommes politiques connus pour leurs positions réactionnaires et anti-LGBTQIA+. Et bien sûr, le maquillage est utilisé et célébré par les drag queens, ancré·es dans la culture queer.

Dans la pop culture, on voit de plus en plus d'hommes maquillés, et presque tous appartiennent à la communauté LGBTQIA+. On peut citer Saucy Santana, rappeur à l'esthétique « fille de Floride », les acteurs Nicco Annan

3 Laura Dorwart, « Inside the fascinating history of glitter and gay culture », Byrdie, 15 février 2022.

et Billy Porter, ou Bilal Hassani en France. Des stars à l'esthétique « flamboyante », un mot utilisé en français comme en anglais pour décrire leur style. Cette différenciation entre le « gay maquillé de façon visible » et « l'hétéro à la peau forcément nue » est sans cesse répétée par l'industrie cosmétique.

L'expression de genre, un enjeu politique mondial

Impossible de parler de maquillage sans parler de la Chine, qui fait partie des trois zones les plus consommatrices de beauté, avec les États-Unis et l'Europe. L'usage des cosmétiques pour hommes y est très élevé. Euromonitor International estime que le secteur chinois des cosmétiques pour hommes, hors produits post-rasage, équivalait en 2019 à trois fois celui des États-Unis, et selon Mintel, le marché du skincare pour hommes devrait y doubler entre 2020 et 2025.

La façon dont les Occidentaux lisent le genre en Chine m'intéresse. Sur le sujet, il est difficile de trouver des informations précises, tant les stratégies des marques occidentales y sont différentes : elles adaptent leur discours à d'autres masculinités. On peut dire sans se tromper que la consommation masculine de maquillage est sans doute moins taboue en Asie qu'en Europe. Un exemple : Chanel a sorti une ligne de maquillage destinée aux hommes, Boy, en 2018. Elle a étoffé la gamme en 2020. À cette occasion, un visuel du mannequin chinois Shixin Huang portant du vernis noir et du khôl a été diffusé. Les photos présentant un mannequin blanc montraient simplement un homme « naturel », pour mettre en scène le fond de teint et le crayon à sourcils. La marque écrivait à l'époque : « Chanel s'inspire du monde féminin pour écrire un nouveau vocabulaire d'une nouvelle esthétique pour les hommes... Chanel réaffirme les codes changeants d'une vision immuable : la beauté n'est pas une question de genre, mais de style. » D'après les observateur·rices, cette collection a poussé de nombreuses *indie brands* à avancer sur le secteur. On trouve sur Internet plusieurs visuels de marques proposant du maquillage masculin « présent », fait pour être vu.

Pendant longtemps, la K-pop a beaucoup inspiré les campagnes en Asie. On a mis en avant la *fresh little meat*, « tendre chair fraîche », ces hommes qui portent du maquillage, des bijoux et des accessoires. Mais cette expression d'une masculinité moins caricaturale n'est pas la norme.

Le gouvernement chinois promeut depuis quelques années un retour à la « masculinité traditionnelle ». Un haut conseiller politique, Si Zefu, juge que le pays est en proie à une « crise de la masculinité ». Selon lui, si le gouvernement n'agit pas, les hommes risquent de devenir « timides, délicats et efféminés ». « La féminisation des garçons pourrait être une entrave au développement de la Chine », écrit-il dans un rapport récent. Du coup, l'État a pris des mesures : en janvier 2021, le ministère de l'Éducation chinois a publié un plan pour « cultiver la masculinité », avec notamment un accent important sur la pratique sportive des jeunes garçons. Cette décision a eu un impact sur la publicité et la façon dont les influenceurs se mettent en scène. Selon le bureau d'étude

Peclers, le stéréotype de la *little fresh meat* a laissé la place à des égéries issues du sport. Cette idée que la virilité est en danger et que, si on la fragilise, on met en péril la jeunesse et la société tout entière, voire on court au chaos généralisé, est bien sûr répandue ailleurs : en Russie dans la bouche de Vladimir Poutine, mais aussi en France. On l'a beaucoup entendue lors des dernières élections présidentielles. L'apparence des hommes et l'expression de la virilité restent des enjeux politiques largement utilisés, en particulier par la droite réactionnaire. Cette rhétorique s'accompagne aussi (et de manière quasi systématique) de l'instrumentalisation politique des droits des personnes trans.

En Occident, se maquiller sans l'avouer

Créer une gamme pour hommes paraît simplissime. La plupart des maisons « historiques » qui se lancent sur le créneau se contentent de décliner des produits dans des packagings noirs. On trouve au sein de ces lignes à peu près toujours les mêmes choses : un fond de teint pour peau grasse, un anticernes, un crayon à sourcils. Il n'y a même pas besoin de reformuler les produits ou de prétendre que la peau masculine serait différente, puisqu'il ne s'agit pas de lui apporter du soin, mais juste de la faire paraître plus belle. Alors pourquoi toutes les maisons ne le font-elles pas ? Peut-être que les revendeurs sont frileux, que les perspectives de vente restent faibles ou que les hommes qui se maquillent ne sont pas dupes et trouvent ce qui leur convient sans un marketing dédié ? C'est le mystère du marché.

En Europe, ce sont souvent des créateurs de mode qui ont sorti les premiers des gammes très courtes – on se souvient de Jean Paul Gaultier il y a quelques années. Aujourd'hui, c'est Tom Ford qui propose un gel bronzant, un anti-cernes, du gel pour sourcils, par exemple. Marc Jacobs a lui aussi lancé une gamme. Trois créateurs, trois icônes gays. Givenchy Mister vend à peu près les mêmes produits.

Le reste du marché propose du maquillage déguisé en soin. Une « crème hydratante teintée » ou un « soin défatigant pour le regard », qui est souvent un anticernes. L'Oréal Paris commercialise un liquide décrit comme un « gel teinté effet immédiat et indétectable », et Shiseido et Clinique for Men ont également des soins correcteurs destinés aux hommes. Quant à la marque Erborian, elle vient de lancer une version pour hommes de ses BB crèmes.

En Corée aussi, la différence de perception entre la retouche du teint et d'autres formes de maquillage est nette. Une étude menée en 2017 montre que 60 % des hommes interrogés considèrent l'usage de BB crème et d'anticernes comme un outil positif, au service de leur réussite. En revanche, le mascara, l'eyeliner ou le blush restent connotés négativement[4].

Bien que le vocabulaire se cantonne à la retouche, la panoplie, elle, se développe peu à peu : Alex Ralley a créé Make Up Men UK en 2011 et propose désormais plus d'une quarantaine de produits de maquillage. Il vend du mascara transparent, des produits pour combler les trous de barbe,

4 Jang-Soon Park et Hye-Jin Kwon, « Perception about makeup influence on man's makeup and their success », *Journal of the Korea Convergence Society*, vol. 8, n° 4, 2017.

une gamme minérale pour les peaux sensibles. Lorsque je l'ai interrogé en 2018 dans le cadre d'un article sur les soins masculins, il pariait sur un changement de génération. « Avec les influenceurs beauté, de plus en plus d'hommes, aussi bien gays qu'hétéros, trouveront normal de se maquiller », me confiait-il. Selon lui, l'idée que les hommes se contentent d'une BB crème couvrante est dépassée. La boutique en ligne MenCorner présente ainsi des fixateurs de maquillage et une multitude de produits pour le teint. Le site prodigue également des conseils, mais précise en préambule que « ce n'est pas du maquillage de drag queen ». Charlotte Tilbury sort un *unisex healthy glow*, soit une base de teint couvrante, qui cache les imperfections du mannequin (homme) sur le site de la marque. « Cette fabuleuse crème unisexe est SI naturelle que personne ne soupçonnera que vous la portez ! » promet-elle.

Caricaturer le genre pour rassurer

En somme, l'homme occidental des années 2020 est un peu la femme française des années 2010 : il est incité à mettre des choses sur sa peau, pourvu que cela ne se voie pas.

Le maquillage n'est pas un espace de liberté, c'est un bon gros carcan bien rigide qui réaffirme les normes de l'expression de genre. Pas de paillettes, pas d'apprêt : si tu te maquilles, c'est pour te retoucher, comme un filtre ou de la médecine esthétique. C'est pour paraître plus jeune, en meilleure santé, plus compétitif. C'est validé par toute la start-up nation, par toute la société : personne ne criera au scandale si on trouve un anticernes dans ta salle de bains. Si tu portes des faux cils, en revanche... Et pour rassurer les hommes cis-hétéro, certaines marques ont choisi de caricaturer le genre : l'une s'appelle War Paint, « peinture de guerre », pour bien signifier qu'on est entre mecs. Une autre propose une boîte de maquillage en forme de boîte à outils. Les néologismes *manscara* ou *guyliner* ne servent qu'à viriliser un geste. Marc Jacobs, dans un entretien au magazine *Interview*, résume bien l'hypocrisie de ces termes : « Beaucoup d'hommes hétérosexuels font du microblading[5] des sourcils et utilisent du fond de teint. Mais ils ne considèrent pas cela comme du maquillage car il n'y a ni couleur ni paillettes. Pour eux, le make-up c'est ce qu'une femme porte car elle ajoute de la couleur sur ses yeux, ses lèvres, ses joues, ou sur ses ongles. Ils établissent une distinction entre du maquillage masculin et féminin. Je pense que c'est une grande hypocrisie de croire qu'il existe différents niveaux. Un eyeliner reste un eyeliner[6]. » Alok Vaid-Menon, l'artiste non binaire qui veut dégenrer la mode, résume au cours de notre échange : « Ce marketing fait plus de mal que de bien. Il ne reflète pas seulement des stéréotypes, mais il les renforce, voire en crée de nouveaux. Cela sous-entend que la beauté et le soin de soi sont inhérents à la féminité, et doivent être corrigés pour appartenir au champ masculin. Nous avons besoin que les marques de beauté prennent des positions plus fermes : ces routines font partie de l'hygiène et du bien-être, et n'ont rien à voir avec les normes genrées. Cette tendance récente à masculiniser des termes

5 Maquillage semi-permanent du sourcil pour le redessiner avec un stylo métallique et des nano aiguilles, de manière à ce que ça paraisse naturel.

6 Harry Brant, « Marc Jacobs thinks men should wear makeup », *Interview*, 26 mai 2020.

est le reflet d'une longue histoire qui utilise les stéréotypes comme outils marketing. C'est simplement un moyen de gagner de l'argent sans innover. Mais je pense que de plus en plus de consommateur·rices sont conscient·es de cela.» En fait, la plupart des marques ne visent pas le marché des hommes et des personnes non binaires. «De nombreuses entreprises ne souhaitent même pas parler de ce sujet, poursuit-iel. La réalité, c'est que de nombreux·ses hommes et personnes non binaires utilisent déjà leurs produits – et cela devient évident avec la montée en puissance des influenceur·euses beauté. Le fait que les marques refusent de s'adresser à une partie de leurs client·es devrait être considéré comme un échec, selon moi.» Iel pointe un aspect important: tous·tes les observateur·rices montrent une fracture générationnelle sur le sujet de l'expression de genre. «J'aimerais vraiment que le fait de porter de l'eyeliner soit dégenré, car c'est un outil très efficace pour modifier la forme des yeux ou l'intensité du regard. Ça pourrait rendre de nombreux hommes très élégants», me confiait d'ailleurs Anthony Zeng, un Étasunien qui vient, à seulement vingt-six ans, de lancer l'eshop PourHommies, qui vend des cosmétiques pour hommes. Je l'avais interviewé car il m'avait dit sur Instagram qu'il comptait bien, en lançant sa boutique, lutter contre l'hyper-masculinité dans la beauté. Il donne une définition bien précise de ce concept: selon lui, l'hyper-masculinité, c'est «la surcompensation d'attributs ou d'activités masculins stéréotypés». Elle est «restrictive, toxique, régressive, s'affiche de manière insidieuse ou au contraire au grand jour», et s'oppose à ce qu'il appelle la «masculinité moderne».

L'égérie était un homme

Comme souvent, c'est la façon dont les marques communiquent qui a le plus facilement changé. En 2016, la marque Anastasia Beverly Hills avait choisi un homme pour incarner son image. La présidente de la marque déclarait alors à la presse étasunienne : « Il y a tellement d'idées reçues autour des hommes qui se maquillent, et nos photos montrent que les hommes peuvent paraître féminins tout en représentant leur masculinité. » Le discours paraît déjà daté : aucune marque ne se risque désormais à attribuer aussi explicitement le maquillage à un genre plutôt qu'à un autre. Un an plus tard, Covergirl choisissait l'influenceur James Charles comme égérie. À l'époque, cela détonnait encore, au point que le lycéen avait eu droit à son interview dans le *New York Times*. La même année, Make Up For Ever incluait aussi des influenceurs hommes dans sa campagne. L'Oréal Paris photographiait Gary Thompson, un make-up artist, au milieu de son écurie d'influenceuses pour défendre son nouveau fond de teint. En 2019, Manny Gutierrez, un autre blogueur, a décroché un contrat cosmétique avec Maybelline. En 2022, cela n'est plus une exception : pour lancer ses 51 teintes de fond de teint, Zara Beauty a sorti plusieurs visuels, dont un couple d'hommes en train de s'embrasser. Benefit présente aussi un homme pour démontrer l'efficacité de son anticernes. Yves Saint Laurent a choisi le chanteur et acteur Troye Sivan comme ambassadeur pour un eyeliner bleu océan irrésistible et le rappeur Lil Nas X pour son mascara. Cela ne concerne pas toutes les marques, loin de là, celles que je cite visent sûrement des consommateurs très jeunes, et les ambassadeurs – ultra connus et célébrés – sont souvent cantonnés à quelques pays. Ce qui a changé, sans doute, c'est que le bénéfice dépasse le risque. Cette stratégie est désormais une façon pour la marque de paraître inclusive, et est d'autant plus facile à mener que l'on choisit des égéries diverses pour incarner la marque : une majorité de femmes et quelques hommes. Ainsi, en plus de Troye Sivan et Lil Nas X, Yves Saint Laurent vante les mérites d'un de ses rouges avec la top Kaia Gerber, fille (et quasi clone) de Cindy Crawford, à la beauté classique, intemporelle, bref, rassurante.

Le phénomène est bien sûr amplifié par les réseaux sociaux et le fait qu'on ne shoote plus une seule campagne par saison. Il faut photographier sans cesse, chercher à surprendre, réinventer le glamour chaque jour. C'est une manière de rafraîchir le storytelling sans remettre en cause l'histoire immuable de la marque. Peu importe, d'ailleurs, qui seront les consommateur·rices, des hommes ou des femmes, du moment que l'on achète les produits. Les premières campagnes mettant en scène des hommes étaient sans doute destinées avant tout à séduire des femmes, qui connaissaient les blogueurs et s'identifiaient à eux. Moins cynique, la maquilleuse Celine Bernaerts me confiait : « Les réseaux sociaux sont l'illustration parfaite du fait que le maquillage n'est pas seulement destiné au spectre féminin. YouTube est plutôt dominé par des créateurs de contenus beauté qui s'identifient à des hommes. Aujourd'hui, on célèbre les différences et toutes les identités. La vision binaire n'existe plus. On conçoit le maquillage comme un art dont le visage est la toile. »

Ce que je raconte ici n'aurait sans doute jamais pu se produire sans RuPaul. Au milieu des années 2010, un phénomène sans précédent a eu lieu : les drag queens sont devenues des égéries beauté. À l'origine, il y a RuPaul, qui a sans doute laissé sur la pop culture une empreinte que l'on mettra des décennies à analyser. Pour comprendre son impact, il faut se replonger dans les années 1990 : la drag queen est l'égérie de la ligne de rouges à lèvres Viva Glam, chez M·A·C, depuis 1994. Les bénéfices sont reversés à des ONG spécialisées dans la lutte contre l'épidémie de sida. Une grosse décennie plus tard, en 2009, RuPaul change la face de la télévision avec la première édition de *RuPaul's Drag Race*. En quatorze saisons, son show s'est imposé comme une institution. L'émission a donné naissance à plus d'une dizaine de déclinaisons nationales, ainsi que des spin-off, et même un festival de trois jours à Los Angeles, le DragCon, auquel 50 000 personnes ont assisté en 2022. Les audiences de cette compétition pour élire la drag queen la plus talentueuse ne cessent de croître d'une année sur l'autre. La version étasunienne est sponsorisée par Anastasia Beverly Hills et la version française par M·A·C. Chaque année, les gagnantes sortent des albums, jouent dans des films, lancent des lignes de vêtements, de make-up, partent en tournée internationale... RuPaul est à la tête d'un empire de produits dérivés.

La starification des gagnantes a donné de l'ampleur à un nouveau genre de vidéos make-up : la transformation en drag. Ces vidéos fascinantes montrent toute l'expertise des queens et la capacité de transformation du maquillage. En quelques minutes, on observe un visage complètement resculpté : les sourcils sont redessinés, la mâchoire est affinée, le regard agrandi, la bouche plus pulpeuse… C'est jouissif à regarder, car c'est aussi le royaume de l'outrance. Tout est démesuré, les faux cils, la ligne des sourcils, la taille des lèvres, la couleur du blush… Le visage nu (et masculin) est méconnaissable, il a disparu sous les couches de fard, le mascara et la perruque.

Portées par ce succès, les techniques pour modifier les volumes, comme le contouring, sont de plus en plus populaires. Le *baking* connaît son heure de gloire : il s'agit d'utiliser beaucoup de poudre en dernière touche, pour fixer le maquillage, flouter le teint, avant d'ôter l'excès. « À la base, ces techniques étaient utilisées par les femmes transgenres, puis par les drag queens, et ensuite elles sont devenues mainstream », me rappelle Duy, qui performe sous le nom d'Aaliyah Xpress. Au même moment, plusieurs enseignes engagent certaines drag queens pour faire des tutoriels, ou poser comme égéries. L'Oréal Paris a ainsi collaboré avec Miss Fame lors du festival de Cannes 2016, pour créer une vidéo qui retrace toutes les étapes du maquillage. La marque m'avait alors expliqué que c'était à la fois une manière de rendre hommage aux techniques à la mode, de montrer que la maison intégrait toutes les communautés et de témoigner de la qualité des produits.

Les marques ont tout intérêt à mener ce genre de partenariat, cela leur permet d'avoir de nouvelles expertes sous la main, tout en laissant de côté l'aspect politique des drags. En créant du contenu à destination du public cisgenre, (comme je l'ai fait moi-même dans certains articles), on réduit cela à un ensemble de techniques, en omettant tout un pan de la portée sociale et politique du geste. « Dans les années soixante, une grande partie du drag s'attachait à s'approprier les stéréotypes associés aux hommes gays, m'explique Cristy Dougherty, chercheuse et autrice. Dans les années 1970, on a vu une montée de l'androgynie. Il me semble qu'en ce moment la culture drag porte une réflexion plus générale sur l'aspect faux et artificiel du genre. » Duy témoigne : « Par essence, c'est un pied de nez aux normes imposées par la société, d'ailleurs, cela a longtemps été illégal. C'est une preuve qu'on peut simplement sortir du carcan imposé. Cela reste un message politique. Cela peut aussi être du militantisme. L'histoire de la communauté drag a beaucoup de points communs avec celle de la communauté trans, dans le sens où les deux ont mené des luttes cruciales pour faire avancer les droits de la communauté LGBTQIA+, comme Stonewall[7]. Aujourd'hui, le drag, c'est un moyen de s'exprimer, un moyen de faire exister la diversité des expressions de genre et leur acceptation. »

Malgré le cynisme de l'industrie, qui recycle tout ce qu'elle peut pour vendre, il est possible de s'intéresser à ce que le recours aux drag queens comme égéries nous a apporté. C'est une démonstration implacable du pouvoir de transformation du make-up. Il est utilisé comme un outil d'expression de soi, de création d'un espace et d'un

7 Les émeutes de Stonewall sont des manifestations spontanées en réaction à un raid de la police qui a eu lieu dans la nuit du 28 juin 1969 à New York, au Stonewall Inn. Elles sont souvent considérées comme la première lutte des personnes gays, lesbiennes, bisexuelles et transgenres contre un système oppressant.

personnage : ce n'est pas qu'un instrument du patriarcat, c'est un moyen d'inventer sa propre vie. Pour les femmes cis auxquelles les marques s'adressent, les drag queens ont sans doute représenté une forme de liberté, au-delà de leur expertise technique. Elles nous ont surtout rappelé que le maquillage est un choix, et que « la féminité est un spectre, pas seulement détenu par des femmes », selon les mots de Cristy Dougherty. Elles font la démonstration que, pendant un moment donné et dans un espace limité, on peut devenir une autre personne, grâce au make-up. Gardons à l'esprit que l'histoire du drag est très riche. « Le fait de montrer des drag queens à la télé, cela permet à certaines personnes de se sentir représentées et de leur donner une place, une existence dans la société, souligne Duy. C'est important. Grâce au show, l'art du drag est devenu mainstream, mais seules quelques queens sont connues. L'autre aspect du concours, c'est qu'il ne montre qu'une seule facette de cet art : les queens ont une silhouette en forme de sablier, elles ont de très belles perruques, de très belles robes... L'esthétique redevient très normée, surtout aux États-Unis. La version française a fait plus d'efforts pour inclure une personne trans et une personne non binaire. »

Est-ce que cela a eu un effet sur la façon dont on perçoit les hommes qui se maquillent ? Peut-être que les influenceurs beauté d'aujourd'hui ont grandi en regardant RuPaul. Peut-être que les collégiens et lycéens qui se maquillent aujourd'hui le font aussi grâce à RuPaul. « Tout le monde peut se maquiller, résume Duy. On peut s'amuser, on n'est pas obligé d'être ennuyeux, on peut mettre de la couleur. »

Aujourd'hui, en revanche, il n'y a plus de drag queens dans les maisons de make-up : c'est passé de mode. Pour la communauté, la visibilité a été courte. Cela changera peut-être, car la première saison de *Drag Race France* (en 2022) a connu un grand succès et a popularisé la scène drag française. Mais visibilité ne signifie pas sécurité, au contraire. Aux États-Unis, la presse relève que cette popularité depuis une décennie a été accompagnée d'un énorme backlash, qui se manifeste notamment par une augmentation des violences contre les drag queens.

Des lignes pour hommes, une étrange idée

On assiste à une lente redéfinition des genres au sein de la mode, assurent certain·es expert·es. En 2022, le bureau de tendances Peclers présentait les « nouvelles masculinités » dans un talk à destination des marques. En termes de consommation, l'agence parlait de « masculinité soignée », c'est-à-dire des hommes qui dépensent beaucoup et aiment les accessoires, comme les bijoux, les foulards et le maquillage. Le bureau affirme que cette liberté créative permet le décloisonnement du masculin et du féminin au profit d'une « hybridation ». On le voit à travers des défilés de mode qui ne séparent plus hommes et femmes, ou des concept stores mixtes.

En cosmétique comme en parfum, les gammes venues des États-Unis sont désormais non genrées. « Je ne crois pas du tout aux marques de maquillage pour les hommes, confirme Violette. Aux États-Unis, la conversation autour du genre est très tendue. L'idée de s'adresser à un genre en particulier et pas à tout le monde serait très malvenue.

Je pense que les consommateur·rices ne s'y trompent plus : genrer une ligne est simplement du marketing. C'est très différent en France. Selon moi, ce sont les marques de maquillage traditionnelles qui doivent s'ouvrir aux hommes et penser à eux. D'ailleurs, si un homme est prêt à se maquiller, il n'a pas besoin qu'on le rassure. » Certains acteurs l'ont très bien compris, comme l'influenceur Patrick Starrr, qui a nommé sa marque One/Size, une version raccourcie de l'expression « *one size fits all* », que l'on pourrait traduire par « la même chose pour tout le monde ». Il est lui-même maquillé et porte souvent des robes et des turbans. Sur son site, la marque entend « redéfinir la beauté en donnant une voix à celles et ceux que l'on n'entend pas » : « Nous créons un espace qui accueille tous·tes celles et ceux qui veulent participer au mouvement d'expression de soi radical. Le maquillage pour tous·tes. » L'influenceur insiste : « Les garçons, les filles, les grands-pères, les grands-mères, mes frères et sœurs trans – je veux que tout le monde se retrouve dans ma marque. » 88 % de ses client·es ont moins de vingt-neuf ans et 20 % sont des hommes, ce qui est un pourcentage très élevé. Parmi les marques ayant un discours sur le sujet, Jecca Blac tient à peu près les mêmes propos : « Nous pensons vraiment que le maquillage n'a pas de genre. Soyez authentique, célébrez ce qui vous rend unique et n'ayez pas peur – vous êtes sublime. » L'histoire de la marque est intéressante : Jecca Blac Studio est d'abord un lieu que la make-up artist britannique Jessica Blac a ouvert pour que les femmes transgenres puissent expérimenter avec elle le maquillage en toute sécurité. Elle a aussi donné des cours de maquillage aux prisonnières trans d'une prison du Pays de Galles. Le premier produit de la gamme fut une palette destinée à couvrir les poils de barbe, comme base de maquillage. La marque We are fluide a aussi pour ambition d'être un porte-voix pour ses consommateur·rices.

Si les propositions émergent, les visages restent bien sages. Est-ce que le changement viendra des ongles ? La seule tendance que l'on a beaucoup vue dernièrement, c'est la *menicure*. Ce nom idiot désigne simplement le vernis pour hommes, souvent sur des ongles qui restent bien masculins : courts, carrés et sans motifs. Sur les tapis rouges et dans les publicités, les apparitions d'hommes adeptes du vernis se sont multipliées : ASAP Rocky dans une campagne pour Gucci, Anwar Hadid, Ansel Elgort ou Bad Bunny et, enfin, un modèle dans une campagne Versace Jeans, en pleine séance de pédicure. Certains ont lancé leur propre gamme. On voit aussi des hommes en arborer sur les réseaux sociaux et la marque pour hommes Horace, qui propose des soins et, depuis peu, du make-up, a sorti un vernis en 2022. Devinez de quelle couleur ? Noir, encore et toujours.

Est-ce que le salut viendra de Harry Styles ? Le chanteur britannique incarne pour certain·es une masculinité non toxique. Il a posé en robe Gucci pour la une du *Vogue* en 2020, en jupe dans *Dazed*, en blouse en dentelle sur la pochette de son dernier album, et il porte des colliers de perles. Boa violet, sac à main, blouse transparente, son vestiaire emprunte autant aux années 1970 qu'aux accessoires féminins. Cela n'est pas inédit : il se place dans la tradition des chanteurs pop, d'Elvis et ses chemises en dentelle à Mick Jagger et ses combis moulantes. Ce qui nous intéresse, c'est que Harry fait ce qu'Elvis aurait pu faire s'il avait été mieux managé : il possède sa ligne de vernis et de soins pour la peau, nommée Pleasing[8]. Fin 2022, il a lancé sa première collection de make-up (va-t-il enfin se maquiller pour en faire la promo ?). Il pose très régulièrement avec du vernis au bout des doigts. « Tout commence avec du vernis. J'ai vu des couleurs sur un papier peint et je me suis dit que je voulais ça sur mes doigts », explique-t-il. L'esthétique des flacons est très mignonne, avec des couleurs bubble gum, des bouchons ronds et des packagings ornés de personnages adorables, de champignons ludiques, bref, un univers inspiré de l'esthétique psychédélique mais en version *safe*, très enfantine. Mick Fleetwood, du groupe Fleetwood Mac, pose déguisé en Willy Wonka pour la marque. Un mannequin trans, dont on voit simplement la main sur le torse, pose également. C'est à l'image du chanteur : joli et rassurant.

Le fait que Harry Styles porte du vernis et semble à l'aise avec une virilité non caricaturale est-il un signe de changement ou d'opportunisme ? Alok Vaid-Menon est partagé·e : « C'est génial que Harry Styles sorte une gamme, car cela remet en cause les stéréotypes. Mais j'aimerais aussi voir plus d'investissement et d'attention de la part des médias envers les marques centrées sur les personnes trans et non binaires, qui ont mis en scène et incarné une beauté non genrée dès leurs débuts. C'est souvent vu comme

8 Elvis n'a lancé que du parfum.

révolutionnaire quand un homme cisgenre le fait, et c'est injuste.» Harry Styles affirme avoir créé cette gamme «pour ses fans», qui sont majoritairement des jeunes femmes. Pas sûr, donc, qu'elle change le marché en profondeur, d'autant que les lignes de célébrités durent rarement. Il a d'ailleurs confié n'avoir aucune idée de ce que sera sa marque dans cinq ans.

Harry Styles est régulièrement accusé de queerbaiting, c'est-à-dire d'utiliser des marqueurs de la culture queer tout en jouissant des privilèges de sa condition d'hétéro cisgenre. Il porte une robe sans se faire insulter ni risquer pour sa vie. Il est jeune, blanc, valide, beau et riche, autant de privilèges qui lui permettent d'exprimer son genre comme il le souhaite. Il ne dit rien sur son orientation sexuelle. Mais s'interroger sur sa légitimité à porter tel ou tel vêtement ou sur son orientation sexuelle ne changera pas la face du monde. Ce qui est intéressant, c'est que cette posture confirme encore et toujours un intérêt sociétal et reste super rentable (une place pour un de ses concerts vaut minimum 65 euros et les prix montent très haut).

Cette question de la rentabilité est bien sûr cruciale. C'est du côté de la mode qu'on observe des pistes de changement. En 2022, une grande exposition présentait au Victoria and Albert Museum de Londres l'histoire des vêtements masculins. L'invité d'honneur était le créateur de mode Harris Reed, qui a préparé un show qu'il décrit comme un hommage « au vieil Hollywood fluide et glamour ». Il définit la fluidité comme le fait d'être « la version la plus authentique de soi-même ». À cette occasion, il a fait la une du *Harper's Bazaar* torse nu, portant un vêtement mi-jupe, mi-pantalon, avec une coiffure évoquant l'actrice Rita Hayworth, un *cat eye* blanc et un rouge à lèvres satiné. Il a habillé Adele, Emma Watson ou encore… Harry Styles. « Lorsqu'il a porté mes costumes en 2017 sur scène, j'ai gagné 100 000 followers sur Instagram en une heure, explique-t-il. Ça a cloué le bec à mes profs qui disaient que la mode fluide n'avait aucun potentiel commercial. » Il vient d'être nommé à la tête de la création chez Nina Ricci.

C'est bien joli, ces histoires de maquillage, pensez-vous peut-être, mais exprimer un genre différent de la norme est toujours une prise de risque. Pas un risque esthétique, un risque pour la vie. Les agressions envers les membres de la communauté LGTBQIA+ ont augmenté en 2021[9]. Et la classe politique semble être largement indifférente à ce constat. Dans ce contexte, l'excuse est toute trouvée : certain·es répliquent bien vite que « la société n'est pas prête » à accepter différentes expressions de genre. Aucune raison, pour le marché, de s'y intéresser. Alok Vaid-Menon répond à cette question de manière plus ambitieuse : « Le moyen de changer les choses, ce n'est pas d'édulcorer le message, mais justement de ne pas battre en retraite. Il faut soutenir et mettre en lumière les personnes qui ne se conforment pas à ces normes et qui ont été en première ligne de cette bataille depuis le début. Aucun changement ne s'effectue sans un retour de bâton. Quand les marques

---

9 « Le nombre de crimes et délits anti-LGBT en hausse par rapport à 2016 », Observatoire des inégalités, 17 mai 2021.

disent que les consommateur·rices ne sont pas prêt·es, elles se dérobent de leurs responsabilités. Comment pouvons-nous les rendre "prêt·es" ? Est-ce que ce n'est pas justement le rôle d'une marque ? Comment se fait-il que ces marques aient dépensé des millions pour créer l'envie de porter un rouge à lèvres et ne soient pas prêtes à le faire pour créer celle de vivre dans une liberté de genre ? Que se passerait-il si nous nous emparions de leur expertise et l'utilisions pour créer plus de justice sociale ? »

On peut se dire que si les hommes se mettent enfin à se maquiller, ils investiront plus, et Elon Musk s'attèlera à trouver la formule d'un rouge à lèvres mat longue tenue et non asséchant, plutôt que d'aller polluer la Lune. Le monde s'en porterait mieux. Mais non. Il est aussi illusoire de penser que le fait de voir une majorité d'hommes se maquiller effacerait la masculinité toxique de la Terre que d'assimiler le port du maquillage à une déconstruction féministe. En revanche, ce que je retiens des échanges que j'ai eus, c'est qu'en perpétuant des stéréotypes de genre, nous créons de la violence. Même lorsqu'ils nous paraissent aussi inoffensifs que « mettez du rouge à lèvres pour paraître plus féminine ». Si l'on ne considère plus le maquillage comme un attribut genré, alors on a sans doute l'occasion de diminuer cette violence contre les minorités.

6. VOTRE MAQUILLAGE VA-T-IL VOUS TUER ? DE LA PEUR EN TUBE

« Je suis tombée enceinte et je me suis rendu compte que tout mon maquillage était toxique. J'ai voulu sauver les femmes et la planète avec ma gamme clean. »

Les créatrices d'*indie brands* en 2015

C'est toujours la même histoire. La fondatrice CSP+ travaillait dans un tout autre domaine. Lorsqu'elle est tombée enceinte, elle a eu peur de tous les vilains cosmétiques toxiques et a donc sorti une gamme « propre ». La fondatrice et sa marque vécurent très heureuses et eurent beaucoup de petits produits. Ce storytelling-là a vécu (et j'espère qu'il est bien mort), il a marqué les années 2010. L'alternative plus drama existe, que je n'ose pas tourner en ridicule : « Depuis mon cancer, je traque les perturbateurs endocriniens. » Il a largement épargné le secteur du make-up car de nombreux produits ne contiennent pas d'eau, donc pas ou très peu de conservateurs.

Ce type de discours a un nom, c'est le « marketing de la peur », ou *fear mongering marketing*, en anglais. C'est sans doute la plus grande innovation des années 2010. Il est, selon moi, le principe même de la définition d'une relation toxique, qui fonctionne sur la dialectique « je te fais peur, mais je te protège ».

L'idée que l'on va vendre un produit sur ce qu'il ne contient pas est devenue la norme : sans parabène, sans silicone, sans sulfate... Même si la DGCCRF[1] a recommandé de ne pas utiliser ces appellations, car elles dénigrent des substances autorisées et non dangereuses, globalement, tout le monde s'en fout. Les marques clean entraînent dans leur sillage une immense confusion sur les termes utilisés. La mention « sans produit toxique » ne signifie rien. Pour comprendre, il suffit de se rappeler d'un principe : c'est la dose qui fait le poison. Oui, vous pouvez mourir en buvant trop d'eau. « Sans produit chimique » est inexact également : tout est chimique, même l'eau. En revanche, certains ingrédients sont synthétiques, c'est-à-dire qu'ils sont recomposés à l'aide d'une banque d'atomes, comme la plupart des vitamines dans les cosmétiques et les compléments alimentaires. Et les ingrédients dérivés de la pétrochimie ne sont pas du pétrole. Si l'on vous affirme le contraire, c'est sans doute que l'on veut vous berner, et non vous protéger.

Depuis une décennie, l'industrie a lentement fait monter la peur des consommateur·rices. Qui a envie de se mettre sur la figure un produit dont une appli nous dit qu'elle est toxique ? Personne, moi comprise. Est-ce que le maquillage a été mal formulé dans le passé ? Oui. Est-ce qu'il a besoin d'être régulé ? Bien sûr, et il l'est. Est-ce que les produits actuels sont dangereux ? Non. Mais l'idée que le

---

1 La direction générale de la Concurrence, de la Consommation et de la Répression des fraudes. L'une de ses missions est de contrôler la qualité et la sécurité des produits, mais aussi la façon dont les marques communiquent sur les emballages.

maquillage est potentiellement mauvais pour la santé est inscrite dans son histoire. Chaque ouvrage sur le sujet le mentionne, avec plus ou moins d'ardeur.

Rassurez-vous : ceci n'est pas un chapitre sur « les dessous des cosmétiques », un type d'enquête tellement populaire qu'il est devenu un genre à part entière. Régulièrement, des documentaires sortent sur le thème « les cosmétiques sont nocifs » et, immanquablement, l'enquête révèle un danger. Le but, c'est de créer un choc, pour faire peur, et remettre une pièce dans la machine infernale. Ils sont vus, puis critiqués en ligne, puis repris par certaines marques, puis à nouveau critiqués...

Ce qui me gêne par-dessus tout dans cette narration est qu'elle sous-entend que tout le monde continue à se maquiller alors que c'est potentiellement dangereux. Cela signifie soit que les personnes qui se maquillent sont idiotes, soit que notre système de normes esthétiques est trop rigide pour se passer de produits nocifs. Aucune de ces deux options ne me semble satisfaisante.

La céruse, le bouc émissaire historique

Le principal élément utilisé pendant des siècles en France pour blanchir le teint, c'est la céruse. Elle cache des maladies dermatologiques et, déjà, les signes de la vieillesse. On croit soigner certaines maladies. Contrairement aux idées reçues, ce n'est pas seulement une histoire de distinction sociale : on se blanchit la peau pour ressembler aux élites, certes, mais il existe une multitude d'autres raisons.

On appelle cette substance le « blanc de plomb » : il s'agit du carbonate de plomb, le meilleur pigment blanc. C'est la base de tous les produits de teint jusqu'à l'industrialisation. Cette poudre est utilisée partout : dans la peinture à l'huile ou celle destinée aux bâtiments. Sur le visage, on la mêle à des huiles végétales ou animales, voire à d'autres minéraux, comme la craie, pour obtenir une pâte que l'on étale afin d'harmoniser le teint. On trouve dans la littérature de nombreuses recettes, qui varient en fonction des époques, avec de l'œuf, des eaux florales... Souvent, les processus sont compliqués : il ne s'agit pas seulement de mélanger des éléments, mais de les faire sécher, de filtrer, de broyer... Dès l'Empire romain (du Ier siècle av. J.-C. au Ve siècle), le marché est vaste, des recettes de luxe aux versions très *cheap*. On trouve aussi de la céruse ailleurs sur le globe : sous la dynastie Shang en Chine (environ 1500-1050 av. J.-C.), certains fards étaient fabriqués à partir de plomb ou d'étain fondu. Au fil des époques, ces recettes deviennent de plus en plus élaborées.

Le hic, c'est que le corps humain ne peut se débarrasser du plomb. Dès l'Antiquité, on sait qu'il est mauvais pour la santé, on comprend notamment que ce sont les tuyaux de plomb qui contaminent l'eau potable. Au fil des siècles, la toxicité de la céruse elle-même est mise en lumière, mais on continue de l'utiliser, car elle est considérée comme le plus beau blanc. Les historiens de l'art pensent que plusieurs peintres, dont Le Caravage, sont morts à cause du plomb présent dans les peintures. En 1760, le conseiller du roi Maurice Deshais-Gendron publie une *Lettre à Monsieur sur plusieurs maladies des yeux causées par l'utilisations du rouge et du blanc*. En 1777, le médecin pionnier de la dermatologie en France Anne-Charles

Lorry, connu parce qu'il pratiquait les saignées du roi, publie des *Observations sur la manie de blanchir la peau avec des préparations métalliques et sur les accidents qui en résultent*, qui explicitent le caractère toxique de la céruse. L'historienne Catherine Lanoë considère que ces deux textes consacrent l'existence de la peau comme matière vivante et sont essentiels pour la dermatologie (eh oui, la discipline elle-même est née du maquillage). Maurice Deshais-Gendron va jusqu'à expliquer que le pinceau de maquillage ouvre les pores, « excite la dilatation des vaisseaux » et laisse passer les molécules. Aujourd'hui, on considère que c'est l'inhalation du plomb, plutôt que son application, qui cause les maladies. Les médecins de l'époque font déjà le lien avec les ouvriers qui travaillent dans les mines de métaux. Ils répertorient les effets sur la peau mais aussi sur l'ensemble du corps, avec la perte de dents, les maux de tête ou les maladies des poumons. Petit à petit, l'utilisation de la céruse est fermement dénoncée. Elle est finalement interdite au tournant du XXe siècle. « Le redoutable vermillon issu du bismuth est retiré de la vente vers 1780, mais il faut attendre les années 1920 pour que la céruse, fatal fard blanc issu du plomb qui a empoisonné des générations de femmes et d'hommes depuis l'Antiquité, soit enfin interdite en Europe[2] », détaille l'anthropologue Anne Varichon.

D'autres industries évoluent moins vite que celles du maquillage : la céruse est reconnue en 1919 comme un

2 Anne Varichon, « Teint bleu, lèvres vertes », in *100 000 ans de beauté*, *op. cit.*

poison dans l'espace de travail, mais elle est utilisée dans les peintures en bâtiment jusqu'en 1993, date de son interdiction officielle de manière internationale – alors que le blanc de zinc, une alternative non dangereuse, est connue depuis 1850. On avait même trouvé des alternatives à la céruse dès le XVIe siècle : de la craie, des os broyés, de l'amidon, des racines, des cornes de cerf. Ces recettes rappellent les *do it yourself* (DIY) et autres cosmétiques faits maison des années 2020. L'idée que les cosmétiques répandus sont toxiques et que des alternatives moins connues existent n'est donc pas nouvelle.

Si le plomb n'est plus utilisé dans les cosmétiques, il refait son apparition dans l'inconscient collectif au début des années 2010, quand une étude étasunienne montre qu'on en trouve des traces dans certains rouges à lèvres. Elle explique que cette quantité est inoffensive, mais la machine à parano est lancée. En 2012, *L'Express* titrait « Votre rouge à lèvres est-il toxique ? », pour répondre par la négative dans l'article. On trouve, aujourd'hui encore, de nombreuses occurrences pour fabriquer son propre rouge, par exemple, et pour vérifier s'il contient du plomb. L'idée reçue selon laquelle une femme ingérerait environ 2 kilos de rouge à lèvres dans sa vie est un mythe. C'est l'équivalent de plus de 500 bâtons de rouge à lèvres. Pourtant, le cliché est toujours vivant, même si celles et ceux qui le citent le mettent parfois en doute. Peu importe que le propos soit vrai ou faux, il sert uniquement à démontrer que nous avalons du rouge à lèvres sans nous en rendre compte, donc que le maquillage pénètre dans notre organisme. Le maquillage serait donc dangereux.

La réglementation européenne, « la plus rigoureuse du monde » ?

Parallèlement à la mise en lumière de certaines substances, les règlements concernant la composition des cosmétiques se sont perfectionnés. La réglementation européenne est souvent considérée comme stricte et la robustesse du système européen fait plutôt consensus. En France, le règlement a été établi sous le ministère de Simone Veil, en 1975, et la version européenne actuelle en est inspirée. À son origine, il y a un drame. Du talc pour bébé contenant par erreur une très haute concentration d'un bactéricide avait provoqué la mort de trente-six nourrissons et intoxiqué deux cents enfants en 1972. La loi définit désormais la liste des ingrédients autorisés ou non, et surtout leur concentration.

Aujourd'hui, en Europe, pour créer un cosmétique, on doit fournir lors de la mise sur le marché un document appelé le Dossier d'information produit, où sont répertoriées toutes les informations précises sur la formulation : pas seulement la liste d'ingrédients que voit le consommateur ou la consommatrice, mais la véritable recette, avec les proportions. Une seconde partie contient également des tests d'innocuité dermatologique. Ce dossier doit être approuvé par un médecin ou une autorité toxicologique compétente. Il est ensuite déposé au répertoire européen. Tous les produits doivent être conformes aux réglementations européennes, qui datent de 2009.

Ces réglementations évoluent en fonction des avancées scientifiques : la proportion autorisée de certains ingrédients peut baisser, certaines substances, jugées obsolètes car d'autres innovations sont plus sûres et aussi efficaces, sont interdites. C'est la Commission de la sécurité des consommateurs qui propose des lignes de conduite pour tester et assurer la fiabilité des ingrédients.

Le point crucial, c'est celui de la concentration autorisée. Pour des raisons à la fois éthiques et pratiques, on ne peut pas déterminer si un dosage est inoffensif pour les utilisateur·rices en faisant une étude de l'effet cumulatif sur toute une vie. Le dosage des ingrédients est donc établi en fonction de plusieurs règles, dont celle de l'exposition : on détermine quelle quantité de produit on utilise et à quelle régularité. On prend également en compte des questions comme : le produit est-il fabriqué pour rester sur la peau sans être rincé, peut-il pénétrer dans les yeux, dans la bouche, etc., ainsi que les études des pratiques des consommateur·rices, qui montrent la quantité réelle de produits que l'on utilise. Les conclusions de ces études sont très prudentes : elles considèrent qu'une crème pour le visage est absorbée à 100 % dans le flux sanguin, or cela n'arrive jamais, une minorité d'éléments pénètrent les vaisseaux sanguins, car il leur faut d'abord traverser l'épiderme, puis le derme, afin d'y parvenir. La peau est une barrière. C'est d'ailleurs pour cela que l'on utilise des patchs occlusifs dans le domaine médical lorsqu'on veut vraiment faire pénétrer une molécule dans l'organisme.

Cette réglementation conseille aussi de se fonder sur une quantité plus importante de produit que celle que les consommateur·rices utilisent réellement. Cela permet de déterminer le dosage inoffensif. Enfin, une équipe toxicologique établit la dose recommandée, qui est encore plus faible que ce dosage, pour garantir une utilisation sûre tout au long de la vie. Toutes ces étapes existent afin que la quantité d'ingrédients dans l'organisme soit minime et sûre, même à long terme.

Cette réglementation n'est pas rigide pour autant: elle prend en compte les innovations et les pays membres de l'Union européenne peuvent saisir la Commission de sécurité pour réviser certains points au regard de nouvelles études. L'établissement d'une nouvelle règle prend du temps, car il faut tenir compte de l'ensemble des données sur un ingrédient. Si une étude jette l'opprobre sur une molécule, cela ne signifie pas que toutes les études précédentes sont fausses. En somme, il faut être expert·e pour comprendre la régulation. D'autant plus que certaines études sont alarmistes dans le seul but d'attirer l'attention.

Concernant le maquillage, l'ingrédient actuellement sur la sellette est le dioxyde de titane, utilisé notamment pour opacifier certaines formules. Il a récemment été interdit dans les aliments, et l'industrie semble se préparer à une interdiction cosmétique. Les fournisseurs proposent déjà des alternatives.

Même si on entend en off que la DGCCRF n'a pas assez de moyens pour mener sa mission, le système fonctionne. Il nécessite d'être critiqué, évalué, observé, remis en question sans cesse, mais il est assez efficace pour que l'on puisse utiliser nos cosmétiques sans paranoïa.

La culture du secret, responsable de la peur

L'histoire du make-up est marquée par des scandales sanitaires. On vit avec l'idée que l'on nous cache des ingrédients fumeux qui seraient nocifs. L'industrie de la beauté aime la culture du secret. Les consommateur·rices n'ont accès qu'à la liste INCI (l'ensemble des ingrédients) et ses noms parfois incompréhensibles. La recette complète reste mystérieuse. L'autre coupable, c'est l'ingrédient star, celui que l'on affiche sur l'étiquette et qui ne constitue qu'une infime partie du produit. C'est le cas de l'huile de jasmin, constituée à 99 % d'huile de tournesol et à moins de 1 % de fleur de jasmin. Le produit n'est pas nul pour autant – un gâteau à la vanille contient très peu de vanille –, mais cela contribue sans doute au fait que les consommateur·rices se sentent floué·es.

Certaines appellations désignent aussi des molécules dont on ne sait pas si elles sont naturelles ou synthétiques. Voilà donc une opacité savamment gardée, dans une industrie qui se prétend extrêmement transparente. Pire, les maisons ont longtemps utilisé la science comme clause ultime, comme un écran de fumée pour impressionner. L'industrie n'a pas expliqué ses produits, elle a préféré les enduire d'un vernis scientifique. En 2017, Benefit nous présentait ainsi un mascara prétendument inspiré des travaux de la NASA. Un représentant m'avait expliqué que ce nouveau produit avait été créé pour éviter que le mascara pèse sur les cils et les abaisse. L'idée venait de certaines molécules utilisées par la NASA pour rendre les vaisseaux légers, mais les molécules présentes dans le mascara n'avaient, bien sûr, rien à voir. Plus on s'inspire d'un domaine scientifique éloigné de la cosmétique, plus on anoblit le produit : cette idée a bercé les années 2000. Même si aujourd'hui toutes les maisons cherchent plutôt à raconter des histoires autour des végétaux, ce raisonnement perdure.

La défiance envers l'industrie cosmétique s'est accélérée en 2004, après la publication d'une étude mettant en cause les parabènes, ces conservateurs bien utiles, mais accusés de perturber le système endocrinien et d'avoir un lien avec le développement du cancer du sein. Depuis, l'étude en question a été contredite par bon nombre de scientifiques, à de nombreuses reprises, notamment car elle est de très petite envergure (panel de vingt personnes). En 2019, Anthony Fransway, un chercheur ayant compilé toutes les recherches sur le sujet, a conclu qu'on ne pouvait pas établir de lien entre parabènes et cancer du sein ou de la peau[3]. Dans un article publié en 2022 par le *Washington Post*[4], la scientifique qui a mené l'étude initiale explique d'ailleurs qu'elle n'a jamais établi un lien de causalité entre parabènes et cancer. Elle conteste également l'idée que supprimer un type d'ingrédients pourrait rendre les cosmétiques plus sûrs : « Souvent, on remplace un ingrédient connu par un autre sur lequel on a moins de recul. » Mais quasiment vingt ans après cette étude, les perturbateurs endocriniens restent au cœur de l'actualité : une Étasunienne a porté plainte contre L'Oréal aux États-Unis fin 2022, après la publication d'une nouvelle

3 Anthony F. Fransway, Paulina J. Fransway, Donald V. Belsito and James A. Yiannias, « Paraben toxicology », *Dermatitis*, vol. 30, n° 1, 2019.

4 Janna Mandell, « Shaky science led to a rush of "paraben-free" beauty products. But they might not be safer », *The Washington Post*, 15 février 2022.

étude qui fait le lien entre cancer utérin et les produits de défrisage des cheveux.

En 2004, le maquillage bio était presque inexistant et les rares marques de beauté bio étaient destinées à des militant·es convaincu·es, prêt·es à faire des concessions sur la texture et la qualité. En quinze ans, tout a changé. Le mouvement clean a pris le pas sur le bio. Ce terme est très pratique : il n'a pas de définition officielle, il n'est pas labellisé, donc on peut y fourrer tout ce que l'on souhaite. Le mot fonctionne surtout comme excluant. Les marques établissent une liste d'ingrédients controversés, qu'elles affirment ne pas inclure dans leurs formules. Le mouvement clean est depuis devenu la norme, car il satisfait tout le monde, ou presque. Il permet de faire des produits plus agréables au toucher que les formules bio – qui excluent plus d'ingrédients – tout en apaisant notre angoisse. Au sein de l'industrie, certain·es, dont je fais partie, regrettent cette manipulation des faits scientifiques, qui bride une partie de l'innovation. Mais l'industrie cosmétique se nourrit de scandales, elle ne pourrait certainement pas vivre sans eux. En 2011, la chercheuse Kathy Peiss avait raconté l'histoire de la beauté aux États-Unis et de son marketing dans un livre intitulé *Hope in a Jar*, « L'espoir en pot ». Quinze ans plus tard, son équivalent européen pourrait s'appeler *La peur en tube*.

Un dernier ingrédient a finalisé ce cocktail bien flippant. Les années 2010 ont été marquées par un grand *what the fuck* sensoriel. Certaines marques visaient à « berner les sens » : on créait des sérums qui ressemblaient à de l'eau mais contenaient de l'huile, des textures enveloppantes qui ne laissaient rien sur la peau… La star fut la fameuse *quick break*, une crème qui casse et fond directement au contact de la peau pour laisser une sensation de rien sur l'épiderme. On nous a également présenté des blushs « à mémoire de forme », comme les matelas. À quoi cela sert-il ? À rien. C'est un grand n'importe quoi sensoriel, très ludique, très fun, mais qui a contribué à brouiller les pistes entre la forme et la fonction. Ces textures si différentes de ce que l'on voit dans la nature, comment peuvent-elles exister ? Au prix de quels ingrédients ? Les consommateur·rices ont certainement aussi voulu aller vers des produits aux textures moins surprenantes, moins transformées, plus proches des traditionnelles huiles ou autres baumes rassurants. Mais à l'époque, personne ne se doutait de ce retour de bâton gigantesque. Alors qu'elles misaient tout sur l'expertise de leurs laboratoires et les innovations en matière de formulation, les maisons n'ont pas vu venir le mouvement de la cosmétique clean, qui a depuis tout emporté sur son passage.

Anatomie d'un rouge à lèvres

Du fait de cette peur généralisée, on a d'abord voulu faire ses cosmétiques soi-même. Le maquillage a plutôt été épargné par la tendance DIY pour plusieurs raisons : les premières adeptes du DIY n'étaient peut-être pas de grandes consommatrices de maquillage et, surtout, le résultat était souvent décevant. Créer une couleur qui ne pâlit pas avec le temps, qui s'applique facilement, qui tienne en stick et qui conserve sa brillance, c'est compliqué. La recette d'un rouge paraît simple, il s'agit d'un mélange de pigments, de beurres, de cires et d'huiles végétales. Mais il faut savoir les choisir pour obtenir de l'émollience, de la glisse et de l'hydratation. Certaines formules fondent au contact de la peau et apportent du confort, tandis que d'autres restent plus solides et enrobent les pigments. Pour obtenir un beau résultat, le dosage de pigments dépend de leur taille et de leur finesse, pour ne pas former de paquets à l'application. Certains pigments peuvent être enrobés et façonnés, en lamelles pour s'empiler facilement, ou en arrondi parfait, pour que la couleur soit bien distribuée. Enfin, on peut ajouter de l'acide hyaluronique hydratant, des agents lipidants pour nourrir, des vitamines pour un effet antioxydant...

La palette des ingrédients synthétiques permet d'obtenir une multitude d'effets. Comment faire pour que les rouges soient mats mais durables ? Il faut intégrer des silicones volatiles qui s'évaporent pour ne laisser que le pigment sur les lèvres. On peut aussi mixer des polymères, qui garantissent que les formules continuent d'accrocher la lumière au cours de la journée. D'autres s'adaptent à la forme des lèvres, donnent de la flexibilité à la matière et attachent les pigments à la peau, pour garantir une bonne tenue. « Tout l'art est de trouver le bon ingrédient parmi les milliers qui existent, s'enthousiasmait une formulatrice que j'ai interrogée il y a une dizaine d'années. C'est d'ailleurs ce portfolio de polymères et de cires qui va faire évoluer les lipsticks de demain. » Et puis, paf, le clean a fait son entrée.

Les grands coupables remplacés

Avec l'arrivée, en 2015, des applis qui scannent les formules, tout le marché, ou presque, remplace les composants synthétiques par leurs équivalents naturels. Le maquillage s'en sort de mieux en mieux, car le ressenti sur la peau tient aujourd'hui à peu près la route, même une fois qu'on a ôté les dérivés issus de la pétrochimie... à l'exception des silicones. Cette matière visqueuse est indispensable à un bon fond de teint : c'est elle qui rend l'expérience agréable. Le silicone, c'est le plaisir. Il y a plusieurs types de silicones, mais leur atout commun est de faire glisser la formule sur la peau sans accrocher ni faire de paquets. Ils forment un film, une sorte de maillage confortable et délicat. On accuse ces silicones d'être des sous-produits de l'industrie pétrolière et de ne pas être biodégradables. C'est vrai, on ne sait pas très bien au bout de combien de temps ils sont transformés par les bactéries. L'accumulation de ces substances n'est pas vue d'un très bon œil par certain·es scientifiques. Mais pour leur défense, ils semblent être relativement inertes, c'est-à-dire qu'ils n'interagissent pas ou peu avec ce qui les entoure et n'ont donc pas d'effet toxique notable.

Ils ont mauvaise réputation : on les a beaucoup accusés d'étouffer les cheveux, car ils gainent la fibre capillaire – c'est ce qui la rend soyeuse. On les a longtemps déconseillés aux femmes ayant de l'acné ou la peau grasse, pour « laisser la peau respirer[5] », car s'il y en a trop dans une formule, ils peuvent obstruer les pores.

5 La peau ne respire pas, mais c'est un autre débat. On peut simplement dire que poser un produit occlusif, comme de la vaseline, pendant longtemps sur la peau peut nuire à son microbiote, à son équilibre et à sa bonne santé en général. On utilise ce type de molécules protectrices dans des cas bien précis : pour isoler de l'eau une peau lésée, lors d'une baignade, par exemple.

Pour communiquer clairement, de nombreuses maisons ont choisi de s'en passer. On utilise souvent plusieurs composants végétaux pour remplacer les vertus d'une molécule synthétique.

Parmi eux, on trouve les dérivés d'huiles végétales et les esters, issus de la réaction entre une huile (coco, palme, tournesol, canne à sucre...) et un alcool. En général, un ester ne possède plus les bienfaits initiaux des substances qui l'ont généré (ni omégas, ni nutriments), mais il confère aux formules de la douceur, du glissant, bref, un côté élastique, visqueux et stable. Il permet aussi aux crayons pour les yeux de rester solides et donne du brillant aux gloss, baumes et fards. On en trouve également dans les agents détergents, les encres, les peintures, les lubrifiants, voire les biocarburants.

Les huiles minérales – des corps gras d'origine fossile, incolores, sans odeur et sans goût, comme la vaseline et l'huile de paraffine – sont remplacées par des alcanes biosourcés[6], pour apporter de la profondeur à la couleur dans les rouges, par exemple, mais aussi du confort à l'application. Ces solvants forment un film à la surface de la peau qui permet de limiter la perte en eau. Ils constituent parfois une part importante des fonds de teint, après l'eau. Ce ne sont que quelques exemples, car la palette d'ingrédients de substitution s'agrandit constamment. L'année dernière, sur un salon

6 C'est-à-dire des hydrocarbures (composés chimiques faits de carbone et d'hydrogène) d'origine végétale.

professionnel, un revendeur d'ingrédients français présentait notamment de la cellulose, cette substance qui donne force et rigidité aux cellules végétales. Elle est façonnée sous forme de sphère pour donner de la douceur aux fards. L'entreprise propose aussi des fibres de cellulose plus longues pour allonger les cils et un dérivé issu de la palme pour remplacer la vaseline. (Mais faut-il continuer à utiliser de l'huile de palme ? C'est bien le cœur du problème : remplacer de la pétrochimie par un ingrédient « problématique », n'est-ce pas simplement du greenwashing ?)

Enfin, pour compliquer un peu plus le choix des consommateur·rices, « vegan » et « bio » sont souvent incompatibles en maquillage. Traditionnellement, la couleur de certaines teintes est permise par le recours à des substances d'origine animale. C'est le cas du rouge carmin, obtenu en broyant le corps séché d'une cochenille femelle, un petit insecte suceur de sève de végétaux. Cet insecte est surtout élevé en Amérique latine, le Pérou en étant le premier producteur mondial (près de 90 %) dans les années 2010[7]. Or « les labels bio autorisent seulement ce pigment naturel obtenu grâce à la cochenille. De nombreuses gammes vegan sont entièrement synthétiques », comme me l'explique Alexis Robillard, fondateur de la marque All Tigers, qui propose des formules à haut taux de naturalité et vegan.

7 Désirée Martin, « Aux Canaries, la cochenille donne des couleurs aux aliments et aux habits », AFP, 2011 (article consulté sur Fashion Network).

L'itinéraire tragique de la paillette biodégradable

Tout cela est-il une bonne nouvelle ? Je ne sais pas. Le marché est devenu très uniforme. L'illustration parfaite, c'est la campagne du fond de teint L'Essentiel de Guerlain. Pour la première fois, en 2019, une maison de luxe traditionnelle plaçait les ingrédients comme premier critère d'achat, en vantant le « haut taux de naturalité » (97 %) de sa formule. « Le naturel et la performance, je veux les deux », trouve-t-on sur le site. Certes, il s'agit d'un tour de force. Mais la maison s'est mise à raconter… la même chose que toutes les jeunes marques du segment.

C'est un détail qui cache une problématique plus sérieuse. Est-ce que tout remplacer par des versions plus naturelles a du sens ? Pas forcément. Vous entendrez systématiquement que les ingrédients naturels sont issus de la « chimie verte », c'est-à-dire que leur transformation est moins polluante que les processus utilisés au siècle dernier. Mais il s'agit encore d'une expression qui n'a pas de définition claire. Disons que la chimie verte regroupe des process de fabrication à faible impact environnemental : peu énergivores, par exemple, ou non polluants grâce à l'utilisation de solvants inoffensifs ou réutilisables. Mais on peut faire de la chimie verte avec un ingrédient peu vertueux, qui vient du bout du monde, dont la production est très gourmande en eau… Aujourd'hui, toutes les maisons en parlent, à tel point que le concept a été vidé de son sens.

Parfois, les innovations naturelles se plantent. C'est le cas des paillettes biodégradables. En mars 2019, Glossier lance la ligne Play, dont les fards contiennent des paillettes. Et pour la première fois, la marque se fait lyncher illico sur les réseaux sociaux, car les fameuses paillettes (en plastique) ne sont pas biodégradables. L'ensemble des packagings de la marque est en plastique et personne ne s'en émeut, mais ce qui chiffonne les fans, c'est l'idée que la paillette se retrouve dans l'eau. C'est le symbole de toute l'industrie cosmétique : on ne se soucie pas de ce qui est en face de nous (un gros tube de plastique – et, plus généralement, une utilisation largement excessive de plastique inutile), mais une paillette, cela semble insupportable. Le scandale a tué la gamme dans l'œuf. Le *glittergate* est allé très loin – à juste titre. En Grande-Bretagne, soixante festivals ont annoncé qu'ils interdisaient les paillettes en plastique. Une étude britannique a montré que trois crèches sur quatre souhaitaient également cesser d'utiliser des paillettes en 2021.

Depuis, les paillettes en bio-cellulose ont été inventées. Certaines sont tout de même enduites de plastique pour obtenir les mêmes résultats. D'autres sont enduites de shellac, une substance sécrétée par un insecte que l'on peut récupérer sans tuer ce dernier. Las, une étude menée par une équipe de Cambridge a montré que l'impact de ces alternatives est mitigé. Qu'elles soient en cellulose teintée d'aluminium ou en mica pigmenté, ces paillettes ont aussi un effet négatif sur l'environnement : elles encouragent notamment la prolifération d'une espèce invasive de limaces. Qu'à cela ne tienne, les vendeurs ne se sont pas arrêtés là. Le fabricant Bioglitter propose depuis l'an dernier Holo, une version holographique, très lumineuse, dont les effets sont comparables aux paillettes traditionnelles.

La paillette est une allégorie du casse-tête auquel les consommateur·rices font face : quels critères établir pour déterminer si un produit mérite qu'on l'achète ? Puisque ce qui est *safe* ne l'est pas, faut-il arrêter de consommer ? Peut-on se mettre du fard à paupières en paix ?

Convictions ou discours scientifique ?

La raison principale des difficultés auxquelles le secteur du maquillage est confronté, c'est que le discours à destination des utilisateur·rices est maîtrisé par les marques, alors que ce sont les fournisseurs d'ingrédients qui possèdent les informations les plus utiles. On nage dans un grand flou, entre les convictions personnelles et les données scientifiques, qui ne coïncident pas toujours. Le silicone est-il pire que l'huile végétale transformée ? Ces produits clean changent-ils vraiment les choses ou sont-ils juste un moyen de déculpabiliser et de réorienter la demande vers une autre industrie tout aussi lucrative ? Impossible de le savoir tant qu'aucun organisme indépendant n'existe pour répondre à ces questions. Sur le sujet, Alexis Robillard, le fondateur d'All Tigers, est franc : « Le postulat, c'est que plus on va partir du végétal, plus on va partir de ressources renouvelables. Je n'ai pas envie que les femmes autour de moi utilisent des produits issus de la pétrochimie sur leur visage alors qu'on a une multitude d'ingrédients plus vertueux issus du végétal. On est dans le domaine de la conviction. »

Le principal problème du secteur, c'est que les enjeux pour la santé – santé de la peau, santé globale – et ceux de l'environnement sont confus, mêlés, et parfois contradictoires. La vaseline, par exemple, est largement utilisée en milieu hospitalier pour traiter des pathologies dermatologiques graves ou des cas d'eczéma sévères, car elle ne présente aucun risque d'allergie, mais son usage est critiqué car elle est d'origine pétrochimique.

Cet argument du naturel versus synthétique devrait disparaître dans les prochaines années. Les alternatives végétales vont prendre le pas sur tout ou presque. La dernière en date, c'est la fabrication de l'isododécane, une molécule extrêmement utilisée en cosmétique car c'est la seule qui rend les textures non solubles dans l'eau. Global Bioenergies, un fabricant de biocarburant spécialisé dans la conception d'alternatives à la pétrochimie, produit depuis 2020 cette molécule à destination des cosmétiques. Il cultive une bactérie qu'il a modifiée génétiquement, il lui donne des sucres végétaux (issus de betteraves notamment), la fait fermenter, et la bactérie produit une molécule qui permet d'obtenir l'isododécane. C'est exactement la même molécule, mais elle permet de se passer de pétrochimie en amont. En revanche, son impact environnemental en aval reste le même : elle ne disparaît pas.

On peut raisonnablement penser que, dans un futur proche, l'immense majorité des cosmétiques ne contiendra plus de pétrochimie, car on aura quasiment tout remplacé. Le groupe L'Oréal a annoncé qu'il s'en passerait d'ici 2030. Et il y a fort à parier que tout le monde souhaite cesser de dépendre d'un matériau dont les cours sont si volatils. Se passer définitivement de ces ingrédients permet aussi de ne pas soutenir l'industrie pétrolière.

Seulement, fabriquer à partir de végétaux ne suffit pas. Les concepts de « haut taux de naturalité », voire « renouvelabilité » semblent obsolètes face à l'urgence. Les consommateur·rices devraient être en mesure de comprendre quel est le profil environnemental des ingrédients, qu'ils soient d'origine naturelle ou non. Pour moi, le profil de durabilité devrait être une donnée changeant en fonction de la région où l'on se trouve et de la tension sur certaines filières. Un exemple ? Le chanvre n'a pas le même impact selon qu'il est produit en Bretagne ou cultivé sous serre au Canada. La tension autour des minéraux va-t-elle s'intensifier dans les prochaines années ? Peut-on d'ailleurs encore utiliser des minéraux alors qu'ils sont non renouvelables ? Les processus de transformation sont-ils énergivores ou polluants ? Autant de questions complexes.

Pour porter un discours plus nuancé autour de l'utilisation de ressources naturelles, l'écoagriculture, ou agriculture régénératrice, monte au sein des marques de beauté. Le luxe français en parle beaucoup et cultive certains ingrédients dans des domaines préservés. Les grands principes de ces modes de production visent à maintenir un sol riche et préserver la biodiversité, en limitant les intrants de synthèse. On ne laboure pas, on installe des plantes enrichissantes pour les terres entre les cultures, on remet des haies, par exemple. Le sol est plus riche, il capte plus de carbone. C'est intéressant pour faire baisser le bilan carbone des entreprises, ce qui est devenu un argument à destination des consommateur·rices. Côté maquillage, la jeune marque Eclo a fait de l'agriculture régénératrice le cœur de sa communication, une initiative qui a le mérite de faire connaître ces enjeux au public.

L'industrie cosmétique est à mes yeux une porte d'entrée intéressante pour mener des changements en profondeur sur des sujets qui la dépassent. Et elle ne cesse de nous surprendre. Si l'attention à l'empreinte environnementale des produits est désormais acquise et indéboulonnable, j'observe que les arguments « clean », « naturels », « sans XXX », sont déjà en train de s'effacer. Pour les jeunes marques, ce ne sont pas des arguments différenciants par rapport à leurs concurrents. Les grands groupes ont certainement une longueur d'avance et misent sur le retour de l'envie de formules plus cliniques, contenant des ingrédients assurant leur stabilité et leur conservation dans la durée.

Des produits dangereux pour celles et ceux qui les font ?

Il existe un domaine où la pression du public est assez faible, alors qu'elle pourrait sans doute mener à plus de transparence : celle des conditions de production des matières premières.

Protéger les gens qui produisent les ingrédients de base, cela paraît évident, mais c'est loin d'être le cas, notamment car l'industrie cosmétique utilise de très nombreux intermédiaires. La plupart des marques indépendantes ne possèdent pas leur propre laboratoire : elles font produire le maquillage par des façonniers, qui commandent eux-mêmes les matières premières. Le façonnier s'engage sur un cahier des charges, mais les circuits logistiques peuvent être modifiés en cas de tension sur certains ingrédients, en particulier en temps de crise. Parfois, des substances possédant les mêmes propriétés peuvent être interchangées, en fonction de leur disponibilité. Ou bien le fournisseur lui-même change ses approvisionnements, sans forcément prévenir toute la chaîne de valeur. La traçabilité doit être contrôlée à chaque étape, et cela demande du temps, des efforts, et de payer des gens pour le faire.

Les sujets de la responsabilité sociétale des entreprises (RSE) et de la durabilité restent le caillou dans la chaussure du business. Ce sont les deux questions que tout le monde pose, me racontait un fournisseur, mais quand il s'agit d'actifs qui proviennent de l'autre bout du monde, récoltés à la main, c'est très compliqué de garantir que les populations locales et leur environnement soient respectés.

Un exemple ? Depuis une quinzaine d'années, le bakuchiol, une plante qui pousse en Inde, est disponible aux formulateurs cosmétiques. En 2014, une étude (de faible ampleur) a permis de comparer ses bienfaits à ceux du rétinol (une molécule de synthèse, le meilleur des anti-âges, selon moi). Pour faire simple, le bakuchiol apporte de l'éclat à l'épiderme, sans l'irriter, contrairement au rétinol (qui a d'autres bienfaits et est plus puissant). Cette étude a permis à de nombreuses *indie brands* de faire du bakuchiol un ingrédient star, que l'on affiche sur le produit : désormais, les consommatrices averties le reconnaissent. Celles qui recherchent du naturel le préfèrent au rétinol synthétique. Quand l'intérêt pour un ingrédient explose, comme dans ce cas, cela peut changer toute l'économie locale : d'activité complémentaire, la récolte ou l'extraction de cet ingrédient peut devenir l'activité principale pour les populations, avec un risque d'excès de cueillette, mais aussi de dépendance à ces revenus, qui peuvent disparaître du jour au lendemain si la demande se tarit. C'est un exemple parmi tant d'autres. Certaines filières sont problématiques. L'huile de palme, on le sait, a mené à la déforestation de masse. L'huile de coco est difficilement traçable : les marques achètent l'huile à des fournisseurs, qui achètent à des coopératives ou des usines de transformation, qui achètent à des récoltants. Les noix de coco sont parfois ramassées par des singes – il est difficile d'établir avec certitude dans quelles conditions[8]. L'huile de coco est pourtant l'ingrédient principal de nombreux produits, y compris dans des formules de rouge éthiques et de luxe.

62 euros par an pour récolter du beurre de karité

L'industrie cosmétique ne consomme qu'une très faible quantité du karité mondial : entre 5 et 10 %, selon les sources. Le reste est utilisé par l'industrie alimentaire, dont celle du chocolat. On trouve du karité dans certaines formules de fond de teint, mais surtout dans les rouges à lèvres, en particulier dans les formules clean, justement. Si vous souhaitez faire votre rouge vous-même, vous retrouverez cet ingrédient dans toutes les recettes.

L'histoire du beurre de karité en cosmétique est particulière. Il est considéré par le public comme un ingrédient noble car il est d'origine végétale et a de nombreux bienfaits pour la peau : il est nourrissant, apaisant, et a aussi des

8 « Tourmentés, rendus fous : des singes enchaînés ont-ils cueilli vos noix de coco ? », Peta France, 3 juillet 2020 (mis à jour le 12 novembre 2022).

vertus anti-inflammatoires. Sa texture est incroyable. Il est d'ailleurs surnommé « l'or des femmes », car ce sont elles qui le ramassent, en Afrique de l'Ouest. Certaines marques ont d'ailleurs beaucoup communiqué sur cet ingrédient, notamment à travers des filières équitables. Mais s'il est précieux à nos yeux, il est loin de faire la fortune de celles qui le ramassent. D'après un rapport de l'Organisation des Nations unies pour l'alimentation et l'agriculture paru en 2020, la rémunération moyenne de ces femmes n'est que de 62 euros par an. Et la croissance de la demande n'a pas d'effet positif: elle a transformé cette activité auparavant complémentaire en activité principale pour certaines, renforçant leur dépendance aux acheteurs. L'ONG Alliance internationale pour les femmes du karité, fondée par Carole Tawema, également fondatrice de la marque de karité éthique Karethic, dénonce le manque de transparence de la filière. L'ONG a mis en place une pétition sur Change.org. « Pour s'assurer que le produit qu'on utilise est éthique, il faut se fier au label World Fair Trade Organization », m'explique Carole Tawema. Selon elle, c'est le seul label qui garantit un niveau de revenu digne et accompagne les femmes hors de la pauvreté. Elle déplore que d'autres systèmes maintiennent les travailleuses dans une dépendance vis-à-vis du fournisseur, avec un revenu à peine plus élevé que celui de base. Lorsque que j'ai demandé à une grande marque française le prix auquel elle achetait son karité – sur lequel elle communique beaucoup –, je n'ai pas obtenu de réponse.

La récolte du mica, un lent « chemin de progrès »

Impossible d'écrire un livre sur le make-up sans parler du mica. Ce minéral est présent partout ou presque, dans les fards, les poudres, mais aussi dans ce qui est nacré : crèmes pour le corps, enlumineurs, voire mascaras. Il confère aux fards leur aspect brillant, métallisé. Il fait parfois office d'épaississant, pour remplacer le talc que certain·es consommateur·rices craignent. Il peut être brun, gris, voire blanc. On l'enduit ensuite d'oxydes pour le colorer (de fer par exemple, qui le rougit). Selon l'ONG Terre des Hommes, l'industrie cosmétique consomme environ 18 % de la production de mica dans le monde.

Ce minéral est le résultat de la dégradation à très haute pression d'autres minéraux qui crée une sorte de feuilletage. Il existe plus d'une trentaine de micas, et ils sont utilisés pour différentes propriétés. Le mica est un très bon isolant thermique : il résiste à 1 200 °C, ce qui est très utile quand on veut protéger des composants électroniques, comme lors de process industriels.

J'ai interrogé Olivier Dubourdieu, de l'ONG Responsible Mica Initiative, pour obtenir des informations sur cet élément. Selon ce porte-parole, le mica est beaucoup utilisé en cosmétique parce qu'il est fin et qu'il possède une grande surface, comme une feuille de papier. On trouve du mica dans le monde entier : un fournisseur cosmétique français vient même de développer une source en Bretagne. Il existe aussi des mines en Amérique du Sud, au Brésil, au Nigeria, en Russie, aux États-Unis. À Madagascar, dont la production est minime, on estime qu'au moins la moitié des personnes qui le ramassent sont des enfants.

Mais le principal producteur de mica est l'Inde. La qualité du mica indien en fait la source principale de l'industrie cosmétique. Il est transparent et brillant, et provient d'une zone nommée la « ceinture du mica », dans le Nord-Est du pays, une région très pauvre où la situation politique est instable. C'est un marché qui suit la croissance mondiale, sans explosion ni baisse de la demande.

La situation des personnes qui récoltent le mica en Inde s'est dégradée dans les années 1980. En 1980, l'État central a signé le Forest Conservation Act, qui interdit de prélever toute matière première dans les forêts, pour les protéger. Avant cette date, quatre États indiens vivaient des mines de mica industrielles. Dans la décennie suivante, les mines ont fermé progressivement, mais elles ont été remplacées par des mines artisanales : des particuliers se sont mis à récolter des minerais, parfois avec un seau et une pioche. Le mica affleure au sol : on peut le ramasser, puis le trier, le découper, le concasser. Ces minerais sont en général vendus à des intermédiaires, puis envoyés dans des usines de transformation sur place et revendus à différentes industries (pour fabriquer des composants électroniques ou des pièces détachées pour automobiles, par exemple). Dans le cas qui nous intéresse, ils sont vendus à des fabricants de pigments.

« Dans ces mines artisanales ou de petite taille avec un peu plus de matériel, les risques pour les personnes sont très élevés. Comme les écoles sont pauvres, il n'est pas sûr que les enfants y déjeuneront, et de nombreux parents n'ont parfois pas d'autre choix que d'emmener leurs enfants travailler avec eux. Leur travail représente un complément de revenu, mais aussi l'assurance qu'ils auront à manger le midi », raconte Olivier Dubourdieu. Il y a plusieurs facteurs qui expliquent le travail des enfants, mais la pauvreté reste, selon la Responsible Mica Initiative, l'un des plus importants.

Alors, comment le réduire ? Deux options : la tolérance zéro, le boycott en somme, ou bien continuer d'acheter en essayant de faire évoluer la situation. La RMI soutient la seconde solution, car la communauté de mineurs artisanaux est extrêmement dépendante de cette activité. Cependant, les marques ne montent pas de filières équitables sur place : certaines ont essayé dans les années 2000, mais la traçabilité des produits est tellement compliquée à établir qu'elles ont renoncé. En d'autres termes, c'est le bordel.

Il est difficile d'obtenir les informations précises sur le sujet, car les fournisseurs sont tendus quand on leur pose des questions. L'un d'entre eux m'a expliqué avoir travaillé à rendre les filières plus sûres, en organisant des audits extérieurs (certaines visites planifiées, d'autres non planifiées). Selon cet interlocuteur, l'enjeu est aussi de tracer les minéraux : les pierres sont broyées à la mine, il faut donc mettre en place un système pour « suivre » le sac jusqu'à l'endroit où il est transformé, sans moyens technologiques (il n'y a pas de code-barres sur les sacs). Il m'a affirmé que lorsqu'une marque achète du mica à un fournisseur, celui-ci peut normalement lui donner l'origine du minéral, jusqu'à la mine.

L'ensemble des industries consommatrices de mica se sont donc rapprochées des ONG, dont la RMI. Olivier

Dubourdieu m'a expliqué que le but est d'avoir une stratégie durable et régionale, avec un impact plus important en termes de volume que si chacun créait sa propre filière éthique. Les enjeux pour l'ONG sont de mettre fin au travail des enfants, d'améliorer les conditions de travail, de faciliter l'accès aux soins, d'améliorer la qualité des écoles, mais aussi de mener des actions pour légiférer et donner un statut aux mines. Les ONG estiment qu'il y a 900 villages concernés par le sujet, et que 400 d'entre eux sont déjà touchés par le travail des humanitaires. Tout cela représente environ 300 000 personnes. Concrètement, tout le monde adhère au projet, ou presque : environ 90 % des fournisseurs et 80 % du secteur cosmétique sont membres de la RMI, m'a affirmé le porte-parole. Ils fournissent de l'argent et s'engagent sur la charte de l'organisation. L'ambition de l'ONG est de toucher l'intégralité de ces 900 villages d'ici 2030.

Faudrait-il privilégier les pigments synthétiques, dont on maîtrise la fabrication et qui ne nécessitent pas d'être extraits de mines ? Pas vraiment, répondent plusieurs intervenant·es. Les plus gros producteurs de pigments de synthèse sont situés en Chine, où les conditions de travail ne sont pas forcément plus transparentes qu'en Inde et où l'énergie repose principalement sur le charbon, et est donc très polluante (même si les fournisseurs s'en défendent) – or l'objectif zéro carbone est un véritable argument marketing. D'autre part, ces produits font baisser le taux de naturalité des formules. À cela s'ajoutent bien sûr des raisons économiques : la version synthétique est vendue deux fois plus cher que la naturelle, nous a affirmé un fournisseur qui propose les deux. Pour le moment, la première représente 30 % du marché. La RMI m'a également expliqué que le mica synthétique est créé à partir d'autres minéraux, dont la traçabilité n'est pas toujours simple à obtenir. Puisqu'on exploite aussi une ressource naturelle, issue des mines, le bilan éthique et écologique de cette solution reste mitigé. Enfin, les propriétés de ces deux micas ne sont pas tout à fait les mêmes : il y a des différences de brillance donc certains fabricants mélangent les deux pour obtenir le résultat souhaité.

L'industrie cosmétique utilise d'autres minerais, comme l'aluminium, pour son aspect brillant, ou le borosilicate, issu de la silice, incroyable sur la peau car il brille tout en étant transparent. Il est dix fois plus cher que le mica. D'après plusieurs intervenant·es, ces minéraux sont issus de mines industrielles, qui posent problème au niveau écologique, mais moins au niveau du droit du travail.

La question écologique, d'ailleurs, est elle aussi complexe : d'un point de vue un peu cynique, les mines artisanales ont un avantage sur les mines industrielles, elles abîment moins l'environnement. Selon les fournisseurs, ni la version synthétique ni la version minérale ne sont biodégradables, mais aucune n'a d'impact toxique sur l'environnement.

Alors comment savoir si le mica contenu dans nos palettes n'est pas récolté par des familles dans des conditions indignes ? La réponse dépend des interlocuteur·rices. Au pire, c'est un sourire gêné : la RMI affirme qu'elle n'est pas un label, elle n'assure pas qu'il n'y a pas de mica récolté par les enfants dans les produits de ses adhérents. Elle explique qu'à moins d'être sur place il est difficile d'obtenir des garanties. Une responsable d'un label bio m'a aussi donné une réponse catégorique : il n'y aucun moyen de le savoir. (Certains labels équitables, qui commencent à s'implanter dans le secteur cosmétique, sont initialement dédiés à l'alimentaire et ne réglementent que les ressources renouvelables : les minéraux sont donc exclus de leur charte.) Au détour d'une conversation plus générale, une représentante d'un grand groupe m'avait affirmé avoir une « tolérance zéro » sur le sujet, grâce à des audits externes. Mais pour le consommateur ou la consommatrice, il n'y aucun moyen de vérifier. La solution ? A minima, s'interroger, exercer une pression sur les groupes pour réclamer plus de précisions sur la manière dont ils se fournissent pour chaque minéral.

En Europe, il existe des mécanismes qui contraignent (un peu) les marques à ne pas faire n'importe quoi concernant leurs matières premières. En 2017, l'UE a rendu obligatoire le « devoir de diligence » concernant l'étain, le tungstène, le tantale et l'or, car ce sont des minéraux qui proviennent ou transitent par des « zones de conflit ou à haut risque ». La RMI plaide pour y intégrer le mica, en vain pour l'instant. L'UE demande notamment aux entreprises de mener un travail d'enquête auprès des fournisseurs, d'identifier les risques, de mettre en place des actions concrètes et, si l'une de ces mesures n'est pas possible, de se désengager. C'est donc un process d'auto-évaluation dont on peut questionner la fiabilité. Aux États-Unis, théoriquement, les douaniers peuvent saisir un container qu'ils soupçonnent d'abriter un produit obtenu par le travail forcé.

Les détracteur·rices de la RMI que j'ai rencontré·es – principalement de petites marques qui n'ont pas les moyens d'y adhérer – disent que les partenaires de l'ONG se contentent d'envoyer un chèque par an et que tout ce beau monde se tape dans le dos, en faisant simplement du business. Voilà au moins trente ans que la situation est connue et l'évolution semble très lente.

Qui blâmer ? Nous. Si le travail des enfants qui ramassent le mica nous était aussi insupportable que la présence de sulfate dans nos shampooings ou de parabène dans nos crèmes, les marques auraient trouvé des solutions plus efficaces depuis belle lurette. Si le faible salaire des femmes qui transforment le beurre de karité nous gênait vraiment, il aurait été augmenté.

Un représentant de pigments agacé par mes questions avait clos la conversation par cette remarque formidable : « Mais, enfin, vous pensez à l'origine des pigments pendant que vous mettez du rouge à lèvres, vous ? » Non, mais si on n'y pense jamais, rien ne changera.

Le sujet me semble d'autant plus choquant que, dans l'industrie de la mode, il semble y avoir une différence entre la fast fashion, qui produit vite et mal, et une partie de l'industrie plus vertueuse. La distinction n'est pas claire – ou n'existe pas – dans le secteur de la beauté.

7. ÇA SE RECYCLE, ÇA ? L'ÈRE DE LA CULPABILITÉ ÉCOLOGIQUE

« Nous, on ne vend pas de plastique. À la place, on vend un étui trois fois plus cher, que l'on peut recharger à vie, avec des recharges en plastique. »

Les vendeurs de maquillage rechargeable en 2019

Sur l'écran, deux femmes poussent des cris en rangeant le maquillage de la mannequin Winnie Harlowe. Le meuble dans lequel cette dernière mettait ses affaires était trop petit : elles lui ont donc acheté un nouveau vanity et une commode très spacieuse pour contenir tous ses produits. Elles s'évertuent à trier d'abord les crayons, les mascaras, les fards, les poudres, et décident de regrouper certaines gammes ensemble. Le processus dure toute une journée. Un tiroir entier est dédié à la préparation de la peau, un autre aux fonds de teint, un troisième reste vide, pour pouvoir être rempli au fur et à mesure que les futurs cadeaux des marques s'entasseront. De l'autre côté, des dizaines de gloss sont rangés par couleur, dans des boîtiers en plastique transparent.

Get Organized with the Home Edit est une émission de téléréalité diffusée sur Netflix qui suit le quotidien de deux femmes qui mettent de l'ordre dans le bordel des autres. Elles se sont fait connaître par leur fâcheuse tendance à tout organiser selon les couleurs de l'arc-en-ciel, y compris les bibliothèques. Cette manie leur a valu beaucoup de critiques, mais surtout un succès fulgurant.

Le show commence toujours par la phase *edit*, pendant laquelle on trie son bordel en trois catégories : ce qu'on garde, ce qu'on donne et ce qu'on jette. Les deux femmes ont une règle : on peut posséder trois exemplaires du même objet, pas plus. Mais ici, dans la *glam room*, elles ne mentionnent même pas le fait que la top aurait assez de produits pour maquiller l'Île-de-France tout entière pendant cinq ans. L'idée de « trop » ne s'applique pas au make-up, au contraire. On a eu tendance à valoriser la collection de produits de beauté, à grand renfort de photos léchées, de jolis vernis bien alignés, de palettes de fards par dizaines, de rouges classés en fonction des textures, des nuances et des teintes. Sur Amazon, les boîtes pour trier les produits pullulent. Bref, on a surconsommé la beauté. (Moi la première, évidemment.)

Certain·es s'en sont rendu compte : ce sont les *panners*, une communauté qui a pour but de finir les produits de beauté existants avant d'en racheter. Le nom vient de l'anglais *pan*, qui fait référence au boîtier en aluminium que l'on atteint lorsqu'on finit une poudre ou un blush. Sur la plateforme de partage Reddit, ils et elles postent depuis 2014 les photos de leurs produits terminés ou presque, pour s'encourager à une certaine modération. Un forum intitulé « Make-up rehab » est même destiné aux personnes qui se félicitent les unes les autres quand elles résistent à l'achat. « J'achète la majorité de mon maquillage sur des plateformes d'enchères et j'éprouve depuis peu un sentiment de soulagement quand je ne remporte pas l'enchère, raconte l'une d'entre elles. Je me dis "Dieu merci" et je prends conscience que je n'en voulais pas. »

Certes, c'est un microphénomène, déjà digéré par le capitalisme. Mais il montre que la consommation de beauté est intrinsèquement liée à la culpabilité : me faut-il encore un produit de plus ?

Les panners, heureusement pour l'industrie, sont une infime minorité. Le maquillage reste l'achat d'impulsion par excellence. La plupart du temps, vous n'aviez pas prévu d'acquérir un énième vernis, mais vous l'avez vu trôner à un endroit stratégique dans une boutique, ou bien vous l'avez observé 367 fois sur les comptes des influenceur·euses que vous suivez. Vous n'en aviez pas besoin et n'aviez pas planifié cet achat, vous avez simplement assouvi un désir immédiat, cédé à une pulsion. Le fait que nos modes de consommation soient digitalisés ne change pas grand-chose à l'affaire. D'après Google, plus de la moitié des requêtes concernant la beauté en Europe sont effectuées à partir d'un smartphone. Les marques et les plateformes ont vite évolué pour transformer un intérêt en transaction.

Qu'achète-t-on pour minimiser sa culpabilité ? Quelque chose de petit, qui ne polluera pas (trop), et peu cher. D'ailleurs, le fait qu'on achète beaucoup de make-up même quand on n'a pas de sous porte un nom : c'est le *lipstick index*, théorisé dans les années 2000 par Leonard Lauder, alors responsable chez Estée Lauder. Il a observé qu'en temps de crise ou de récession les gens achètent plus de rouge à lèvres, car celui-ci reste le seul luxe abordable. (Il fait parfois office de « la partie pour le tout » : on achète un morceau de luxe à défaut d'un sac.) En 2011, les ventes de rouges à lèvres avaient augmenté de 11 % en un an aux États-Unis. Cet index économique, glamour et facile à comprendre a depuis été réfuté. Le magazine *The Economist* a consacré une enquête au phénomène et conclu que le make-up se vend tout le temps : en temps de crise et hors crise. D'ailleurs, les ventes de make-up ont toujours augmenté. Seule ombre à ce joli tableau : la pandémie, pendant laquelle elles se sont tassées. L'index s'est brièvement transformé pour devenir le *perfume index* (étrangement, les ventes de parfum ont pris le relais), avant que les ventes de make-up ne redécollent. Elles croissent désormais deux fois plus vite que le secteur des soins et ont fait un bond de 22 % au premier trimestre 2022, selon le groupe NPD. Tout va bien, on consomme toujours du gloss comme si notre vie en dépendait.

Plastique partout, beauté nulle part

On consomme trop, donc, mais on culpabilise pas mal. Vous souffrez comme toute personne raisonnable d'une angoisse liée à la pollution. Chaque produit est un déchet, qui se recycle ou non. Plusieurs stratégies sont adoptées par les marques pour raconter qu'elles polluent moins. On diminue le packaging, mais c'est rare dans le cas du maquillage, où le contenant est souvent indispensable à l'application. On conçoit des emballages à partir de matériaux plus durables, ou des packagings plus facilement recyclables. C'est particulièrement difficile dans le cas qui nous intéresse, car pour être recyclable, ce que l'on jette ne doit être composé que d'un seul matériau. Or on trouve dans un tube de rouge à lèvres un mécanisme en métal, un fourreau en plastique et souvent un troisième matériau qui l'entoure. Non seulement il y a plusieurs matériaux, mais en plus ces pièces sont minuscules et passent souvent entre les mailles des usines de recyclage. Reste une option : proposer des emballages réutilisables.

Tout ce discours autour des emballages plus vertueux n'est-il qu'une illusion ? La plupart de nos salles de bain ne sont pas équipées en poubelles de tri : on trie dans la cuisine, peu dans les autres pièces. Bien sûr, le composant dans l'œil du cyclone, c'est le plastique. En France, la loi AGEC prévoit la fin totale du plastique à usage unique d'ici 2040. Théoriquement, cela comprend tous les cosmétiques ou presque, car le plastique reste un matériau extrêmement efficace pour garantir la sécurité des formules. Mais les standards évoluent lentement. Certaines maisons produisent des contenants plus faciles à détacher pour séparer les matériaux et les jeter dans les poubelles appropriées. Le verre est souvent indiqué pour les fards en crème, les fonds de teint, et maintenant les mascaras. Les pipettes à fond de teint, en revanche, ne se recyclent toujours pas.

D'autres solutions émergent pour moins gâcher : la marque étasunienne MOB Beauty propose des contenants en carton et des palettes à composer soi-même pour n'acheter que les couleurs que l'on va utiliser. Sur le sujet, ce sont les grands groupes qui vont imposer de nouveaux standards et rendre des solutions économiquement accessibles pour toutes les marques. Pour les maisons indépendantes, le packaging est l'un des postes de dépenses les plus élevés. Développer seules un nouvel étui est donc mission impossible pour elles.

Les fournisseurs de matériaux avancent: d'après l'un deux, que j'ai rencontré sur un salon professionnel, le cuir végétal à base de cactus n'est que 15% plus cher que la version animale. Le bioplastique créé à partir de bois et de matériau recyclé ne coûte que 20% de plus que le plastique classique. Les solutions se multiplient, parfois convaincantes, parfois étranges – j'ai vu un crayon pour les yeux que l'on peut planter dans son jardin une fois fini.

Est-ce que cela change quelque chose à notre impact sur la planète? L'utilisation du terme «recyclable» est largement remise en question par certain·es, dont le magazine *Allure*: dire qu'un produit est recyclable dans un monde où seuls 9% des plastiques sont effectivement recyclés, n'est-ce pas du foutage de gueule? Sans doute. De manière globale, l'ensemble des matériaux cosmétiques ne représente que 2% de nos poubelles. Est-ce que se focaliser sur eux et attendre d'entreprises privées qu'elles résolvent le problème ne serait pas un bon prétexte pour ne pas réfléchir à des solutions plus pérennes? Assurément.

La recharge, un bon business

Qu'en est-il des emballages rechargeables? C'est l'option que proposent de plus en plus de marques de cosmétiques de luxe. Contrairement aux maisons de mode, elles ne peuvent pas tout à fait proposer des produits «intemporels», comme un pull en cachemire censé résister à la vie et aux tendances, certes très cher mais que l'on gardera toute sa vie. Même un bon rouge à lèvres ne se conserve que dix-huit mois (théoriquement, mais dans la pratique, on ne finit par le jeter que lorsque la couleur ou l'odeur tourne). Pour pallier ce problème, on vend des recharges très chères. Elles existent en marge du marché depuis longtemps : la make-up artist danoise Kjaer Weis a créé sa marque sur ce modèle en 2011. Mais c'est surtout dans le secteur des rouges à lèvres, encore lui, que les offres se sont multipliées. Un bureau de tendances appelle même ces entrepreneur·euses les *refillutionists*, *to refill* signifiant « remplir, recharger ». Concrètement, cela a surtout permis au secteur de faire grimper les prix. Il y a dix ans, les rouges Tom Ford avaient la réputation, du haut de leurs 45 euros, d'être les plus chers du marché. Depuis, les prix se sont envolés : 66 euros chez Hermès, 39 euros le bâton cartonné chez la Bouche Rouge, mais 65 euros si on achète l'écrin rechargeable. Récemment, Dries Van Noten a volé encore plus haut avec le rouge à 79 euros, mais personne en Europe n'atteint les 95 euros de Louboutin. J'ai toutefois trouvé un étui à 200 dollars vendu aux États-Unis par Valdé Beauty : « une armure », selon la créatrice.

Qu'ont-ils tous en commun ? Leurs étuis, en cuir végétal ou en métal, sont rechargeables. Sur le site de Louboutin, on ne dit rien sur la durabilité, et la stratégie d'achat ressemble plutôt à celle du luxe traditionnel : le contenant est tellement extraordinaire qu'on ne le jette pas. Il est gros, grand, lourd, et ressemble plus à un sextoy baroque qu'à un rouge. À lui seul, il vaut 50 euros, mais si vous êtes frustré·e de ne pas dépasser la barre des 100 euros lors de votre commande (la recharge ne coûte que 45 euros), vous pourrez ajouter une chaîne, un mousqueton et des *charms* (un sac, une basket, un stiletto...), et porter votre écrin personnalisé autour du cou. Les autres marques sont plus conservatrices : elles ont changé les codes couleurs et esthétiques, mais ont gardé les mêmes standards en termes de poids et proportion. Hermès a réussi à se démarquer dans un océan de tubes marine, noirs ou dorés, avec trois couleurs horizontales sur ses tubes. La Bouche Rouge prend aussi le parti de la couleur, avec des étuis en cuir issu des chutes de cuir destiné aux maisons de luxe. Dries Van Noten a transposé des imprimés de ses tissus sur les étuis. Le contenant vaut désormais plus que le contenu. C'est une belle façon de faire du business en ayant un discours « durable ». Encore faut-il que les consommateur·rices soient fidèles aux rouges de la marque, dans une industrie qui ne vit que par la nouveauté.

CONCLUSION
À QUI APPARTIENT LA BEAUTÉ ?

En 2019, Gucci lançait sa première ligne de rouges à lèvres, avec un visuel shooté par Martin Parr qui a marqué les esprits. L'image est un gros plan sur la bouche souriante de la mannequin Dani Miller. Au lieu d'un sourire Colgate aux dents blanches et parfaitement alignées, qui sont le graal de notre époque, sa dentition présente deux trous entre les incisives et les canines. Ses dents sont propres, mais pas parfaitement blanches – ce sont des dents normales. Dans les médias, la campagne a été commentée et saluée comme un pas vers plus de diversité et de physiques imparfaits. Le *Glamour* étasunien affirmait même que l'image était gênante pour certains, car elle montre quelque chose de différent. Certes, c'est différent, mais on peut se demander quel est le but de la publicité : créer un choc ? Et après ? L'accès aux soins dentaires reste un privilège – souvenez-vous des « sans-dents » de François Hollande –, et l'accès à l'esthétique dentaire encore plus. Les personnes qui n'ont pas les moyens d'aller chez le dentiste n'auront sans doute pas le budget pour s'offrir le bâton Gucci à 40 euros.

Par essence, l'industrie de la beauté est excluante, car elle est aspirationnelle : elle vous vend du rêve, de l'espoir, un idéal qui exigera de vous du travail. Mais elle vend aussi la sensation rassurante d'appartenir à un clan. L'inclusivité qu'elle promet depuis quelques années sera toujours limitée à des portes qui s'entrouvrent, pour faire passer petit à petit des minorités, à condition justement qu'elles restent minoritaires. Car être aspirationnelle, c'est par définition séparer les beaux·belles et les laid·es. Les processus qui ont traversé la beauté et la mode ces dernières années ont certes fait bouger les curseurs, mais pas l'essence même du marketing. « Les campagnes de publicité ont considérablement changé. Les influenceur·euses sont très différent·es les un·es des autres et ont fait de leurs imperfections des atouts. Et puis, la première génération d'influenceur·euses a des enfants : cette image de beauté idéale est en train de changer, parce que nous vieillissons », observe Celine Bernaerts, optimiste. Alok résume : « Nous avons besoin d'un nouveau paradigme, qui rejette la beauté aspirationnelle et remplace ce concept par la reconnaissance de la beauté là où elle se trouve. Nous devrions travailler à redéfinir ce qui est beau et ressembler à soi-même. Cela veut dire qu'il n'y a pas de standards de beauté, mais autant de façons d'être beau·belle qu'il y a d'êtres humains. Nous démocratisons la beauté, au lieu de la monopoliser. Je pense vraiment que c'est le chemin de l'industrie de la beauté. Les réseaux sociaux ont permis cette critique du modèle de beauté *old school*, ils ont permis aux gens de mettre en valeur leur propre beauté. De devenir leur propre super modèle. » Une beauté démocratique ? Cela semble loin. En attendant, il semble que le processus de démantèlement des codes esthétiques traditionnels et eurocentrés – ou, a minima, de réflexion autour d'eux – semble enclenché.

Le maquillage n'est pas une question de tendance. Depuis les années 2000, nous avons vécu deux décennies de profusion : nous avons été invité·es à utiliser des accessoires et techniques visant à augmenter l'espace que nous prenons : des faux ongles qui amplifient nos mouvements, des faux cils qui théâtralisent le regard, des crayons à sourcils pour encadrer nos iris, des gloss qui donnent plus de volume à nos lèvres... Tout cela est une façon de prendre littéralement de la place. On peut y voir la traduction visuelle de certaines luttes sociales, menées par des minorités.

Mais vit-on un retour de bâton ? Une partie de l'esthétique actuelle vise à faire « rétrécir », voire disparaître, les femmes : sur les défilés printemps-été 2023, on revoit des sourcils effacés, des teints sans relief, pas de blush, des cils sans mascara, des bouches sans rouge à lèvres. Dans les magazines, on revoit des clichés valorisant des silhouettes longilignes, des côtes apparentes, rappelant les années quatre-vingt-dix. Est-ce simplement le balancier de la mode, qui regarde systématique trente ans en arrière, ou la traduction d'un recul des droits ?

La question esthétique ne peut être décorrélée de la quantité de cosmétiques que nous consommons : YouTube a sans doute été le plus grand soutien à l'industrie du make-up dans notre histoire récente. En quelques années, la quantité de produits que nous appliquons a explosé : produits de contouring, bases fixantes, enlumineurs... Les catégories « professionnelles » sont peu à peu entrées dans le quotidien de bon nombre de femmes. Faut-il revenir à des habitudes de beauté plus sobres ? Comment créer une beauté personnelle, intime, créative, décolonisée et dégenrée en consommant moins de produits ? Comment l'industrie de la beauté et les médias peuvent-ils prospérer dans une économie plus raisonnable ?

Ce livre est une exploration. Alors explorons. Mettons du maquillage si cela nous amuse, nous détend ou nous fait plaisir. Mettons du maquillage pour nous sentir mieux, nous sublimer ou nous transformer. Mettons du maquillage pour nous réinventer, pour séduire, pour nous séduire. Ou alors, n'en mettons pas, exactement pour les mêmes raisons.

BIBLIOGRAPHIE SÉLECTIVE

Livres

AMADIEU Jean-François, *Le poids des apparences. Beauté, amour et gloire*, Odile Jacob, 2002.

BAILLY Sylvie, *Des siècles de beauté. Entre séduction et politique*, Jourdan, 2014.

BENHAMOU Rebecca, *Sur la bouche. Une histoire insolente du rouge à lèvres*, Premier Parallèle, 2021.

BREY Iris, *Le regard féminin. Une révolution à l'écran*, L'Olivier, 2020.

BRIONES Éric et ANDRÉ Nicolas, *Le choc Z. La génération Z, une révolution pour le luxe, la mode et la beauté*, Dunod, 2020.

CHOLLET Mona, *Beauté fatale. Les nouveaux visages d'une aliénation féminine*, La Découverte, 2012.

COHEN RAGAS Meg et KOZLOWSKI Karen, *Read my Lips: A cultural history of lipstick*, Chronicle Books, 1998.

COMBES Sophie, *Le beau sexe. Femmes dans le monde et apparence physique*, Kawa, 2011.

DAPHNÉ B., *Maquillée. Essai sur le monde et ses fards*, Grasset, 2021.

DESPENTES Virginie, *King Kong théorie*, Le Livre de Poche, 2007.

EDGARD-ROSA Clarence, *Abécédaire joyeux et décomplexé du féminisme*, Pocket, 2021.

FITOUSSI Michèle, *Helena Rubinstein. La femme qui inventa la beauté*, Grasset, 2010 ; Le Livre de Poche, 2012.

FROIDEVAUX-METTERIE Camille, *Le corps des femmes. La bataille de l'intime*, Philosophie Magazine éditeur, 2018.

LANOË Catherine, *La poudre et le fard. Une histoire des cosmétiques de la Renaissance aux Lumières*, Champ Vallon, 2008.

LE BRETON David, *L'adieu au corps*, Métailié, 1999.

LEHRMAN Karen, *The Lipstick Proviso: Women, Sex, and Power in the Real World*, Anchors Book, 1997.

LORDE Audre, *A Burst of Light*, Firebrand Books, 1988.

ORGAD Shani et GILL Rosalind, *Confidence Culture*, Duke University, 2022.

PAQUET Dominique, *Les grands textes de la beauté*, IFM-Regard, 2020.

PEISS Kathy, *Hope in a Jar. The making of America's beauty culture*, University of Pennsylvania Press, 2011.

PFEIFFER Alice, *Je ne suis pas parisienne. Éloge de toutes les Françaises*, Stock, 2019.

PICQ Pascal, VIGARELLO Georges, NOUSCHI Marc et GAILLARD Françoise (dir.), *100 000 ans de beauté*, Gallimard, 2009.

SAINT-JACQUES Camille, *Éloge du maquillage, du cosmos aux cosmétiques*, Max Milo, 2007.

SILVIA Federici, *Le capitalisme patriarcal*, traduit par Étienne Dobenesque, La Fabrique, 2019.

STEWART Susan, *Painted Faces: A colorful history of cosmetics*, Amberley, 2017.

TARDY Martine, *Histoire du maquillage. Des Égyptiens à nos jours*, Dangles, 2012.

VIGARELLO Georges, *Histoire de la beauté*, Seuil, 2004.

WOLF Naomi, *The Beauty Myth*, Vintage Classics, 2015.

Articles et études

BERNARD Philippe, CONTENT Joanne, SERVAIS Lara, WOLLAST Robin et SERVAIS Sarah J., « An initial test of the cosmetics dehumanization hypothesis: Heavy makeup diminishes attributions of humanness-related traits to women », *Sex Roles*, n° 83, 2020.

BRAIZAZ Marion, « Le "problème" de la beauté : quand la sociologie s'intéresse au travail esthétique de soi », *Strathèse*, n° 6, 2017.

CLARKE Victoria, HALLIWELL Emma et HUXLEY Caroline, « Resisting and conforming to the "lesbian look": The importance of appearance norms for lesbian and bisexual women », *Journal of Community & Applied Social Psychology*, vol. 24, n° 3, 2014.

DULONG Delphine, « Rôle de genre et drôle de genre. Édith Cresson Premier ministre ou le mauvais genre en politique », *Les identités de genre en politique*, juin 2011.

GUNN Audrey, HOSKIN Rhea Ashley et BLAIR Karen L., « The new lesbian aesthetic? Exploring gender style among femme, butch and androgynous sexual minority women », *Women's Studies International Forum*, n° 88, juin 2021.

GURRIERI Lauren et DRENTEN Jenna, « The feminist politics of choice: Lipstick as a market icon », *Consumption Markets & Culture*, vol. 24, n° 3, 2021.

HAYFIELD Nikki, HALLIWELL Emma et CLARKE Victoria, « An exploration of bisexual, lesbian, and heterosexual women's body dissatisfaction, and body hair and cosmetics practices », Department of Health and Social Sciences, University of the West of England, 2017.

KOMAR Marlen, « Why makeup matters to women in prison », *Racked*, 3 janvier 2018.

MANNINO Brynn Angelina, *Ideal to Real Body Image Survey*, étude pour TODAY/AOL, 2014.

MONTEIRO Delmira et POULAKIS Mixalis, « Effects of cisnormative beauty standards on transgender women's perceptions and expressions of beauty », *Midwest Social Sciences Journal*, vol. 22, n° 1, 2019.

PARK Jang-Soon et KWOON Hye-Jin, *Makeup Influence on Man's Makeup and Their Success*, 2017.

Podcast

Julien Magalhães et Tahnee, *Les Beaux Restes*, épisode « Ça coûte combien la beauté ? », 30 juin 2022.

REMERCIEMENTS

Au « village » qui a gardé mes filles et m'a permis de pouvoir écrire : les maîtresses, Atsem, assistantes maternelles et mes parents.

À toutes mes amies précieuses et adorées qui ont écouté patiemment mes lamentations. (Et à mon mec aussi, la patience incarnée.)

À Marie, meilleure agente secrète.

À tous·tes les interviewé·es qui ont accepté de répondre à mes questions et à toutes celles qui m'ont aidée, mise en contact, suggéré de les appeler, etc.

À mes éditrices, sans qui rien n'aurait été possible !

TABLE DES MATIÈRES

Collection *GENRE!*

Troubles dans le consentement. Du désir partagé au viol: ouvrir la boîte noire des relations sexuelles, Alexia Boucherie

Vagabondes, voleuses, vicieuses. Adolescentes sous contrôle, de la Libération à la libération sexuelle, Véronique Blanchard

Homoparentalités. La famille en question ?, Jérôme Courduriès et Flávio Luiz Tarnovski

Les jeunes, la sexualité et Internet, Yaëlle Amsellem-Mainguy et Arthur Vuattoux

Qui a peur des vieilles ?, Marie Charrel

Tenir sa langue. Le langage, lieu de lutte féministe, Julie Abbou

Pour limiter l'empreinte environnementale de leurs livres,
Les Pérégrines font le choix de papiers issus de forêts gérées durablement et de sources contrôlées.
Imprimé en France par CPI en janvier 2023 sur du papier Enso Classic pour l'intérieur et Rives tradition blanc naturel pour la couverture.

Dépôt légal : mars 2023
N° d'impression : 2069656
ISSN de la collection : 2678-3584
ISBN : 979-10-252-0580-8

IMPRIM'VERT®